W0304894

Grüße aus dem Schützengraben

Karte des Kriegsschauplatzes
NORD SEE
ENGLAND
LONDON
Hull
SCHWEDEN
Stockholm
Skager Rak
Skagen
Kattegat
OSTSEE
Finnischer
Reval
Rigaer MB.
Riga
Libau
Memel
RUSSLAND
Kowno
DÄNEMARK
Kopenhagen
Bornholm
Rügen
Helgoland
Kiel
Lübeck
Stralsund
Hamburg
Bremen
Schwerin
Settin
Danzig
Kolberg
Elbing
Königsbg
Preussen
Graudenz
Thorn
Bromberg
Küstrin
BERLIN
Frankf.
Posen
Plozk
Warschau
Lodz
Kalisch
POLEN
Iwangorod
Czenstochau
Krakau
NIEDERL.
Emden
Wilhelmsh.
Oldenburg
Hannover
Magdeburg
Haag
Dover
Ostende
Calais
Dünk.
Antwerpen
BRÜSSEL
Lille
BELGIEN
Lüttich
Namur
Valenciennes
Maubeuge
Hävre
Amiens
Rouen
Reims
PARIS
Verdun
Metz
Toul
Nancy
Orléans
Tours
Langres
Epinal
Belfort
Dijon
Besançon
Lausanne
Genf
Lyon
FRANKREICH
DEUTSCHES REICH
Cassel
Erfurt
Leipzig
Glogau
Görlitz
Breslau
Köln
Koblenz
Frankfurt
Dresden
Luxemburg
Mainz
Karlsr.
Stuttgt.
Strassbg.
Colmar
München
Boden S.
Basel
Zürich
Bern
Schweiz
Prag
Pilsen
Böhmen
Brünn
Olmütz
Budweis
Linz
OESTERREICH
WIEN
Pressburg
Salzburg
Budapest
Graz
UNGARN
Triest
Temesvar
Belgrad
SERBIEN
Bosn.
Serajewo
Monten.
Skutari
Albanien
Türkei
Saloniki
Korfu
GRIECH
Alpen
Mailand
Turin
Genua
Venedig
Pola
Bologna
Florenz
Livorno
Elba
Ancona
Nizza
Marseille
Corsica
ROM
NEAPEL
Brindisi
ITALIEN
Adriatisches M
Sardinien
Palermo
Messina
Sicilien
MITTELLÄNDISCHES MEER
Algier
ALGERIEN
Tunis

Thomas Flemming

Grüße aus dem Schützengraben

Feldpostkarten im Ersten Weltkrieg

aus der Sammlung Ulf Heinrich

be.bra verlag

Autor und Verlag danken Bernd Ulrich für fachliche Beratung.

Bibliografische Information der Deutschen Bibliothek
Die Deutsche Bibliothek verzeichnet diese Publikation in der Deutschen Nationalbibliografie; detaillierte bibliografische Daten sind im Internet über http://dnb.ddb.de abrufbar.

© be.bra verlag GmbH
Berlin-Brandenburg, 2004
KulturBrauerei Haus S
Schönhauser Allee 37, 10435 Berlin
post@bebraverlag.de
Gesamtgestaltung: hawemannundmosch, bureau für gestaltung, Berlin
Schrift: Adobe Caslon 10 pt, Akzidenz Grotesk Buch Condensed
Druck und Bindung: Elbe-Druck, Wittenberg

Alle Rechte vorbehalten.
Dieses Werk, einschließlich aller seiner Teile, ist urheberrechtlich geschützt. Jede Verwertung außerhalb der engen Grenzen des Urheberrechtsgesetzes ist ohne Zustimmung des Verlages unzulässig und strafbar. Das gilt insbesondere für Vervielfältigungen, Übersetzungen, Mikroverfilmungen, Verfilmungen und die Einspeicherung und Verarbeitung auf DVDs, CD-ROMs, CDs, Videos, in weiteren elektronischen Systemen sowie für Internet-Plattformen.

ISBN 3-89809-055-8

www.bebraverlag.de

Inhalt

Post zwischen Front und Heimat

»O schöne Stunden, wenn die Feldpost naht,
Wenn so erwartungsvoll die Augen glänzen,
Ein Brief für Dich, ein Päckchen, Kamerad,
Ganz nah sind Dir der lieben Heimat Grenzen.« [1]

Die tägliche Ausgabe der Post bildete für die Soldaten des Ersten Weltkriegs einen emotionalen Höhepunkt im schreckens- und entbehrungsreichen Einerlei des Frontalltags. So groß die Freude war über einen Gruß der Angehörigen aus der Heimat, so quälend die Enttäuschung, wenn die erhoffte Karte länger als üblich ausblieb. In der Heimat sehnten Frauen und Eltern immer aufs Neue ein Lebenszeichen des Gatten oder Sohnes herbei. Am 14. März 1916 schrieb ein französischer Offizier aus seinem Unterstand an seine Frau: »Teure Marguerite. Heute nichts von Dir, aber ich zehre von Deinem lieben, langen Brief vom 10., den ich gerade erhielt, als ich zu unserem Vorposten abrücken ließ ...«.[2]

Die Deutsche Post beförderte während des Krieges pro Tag im Durchschnitt etwa 16,7 Millionen Feldpostkarten, Briefe und Pakete von der Front in die Heimat sowie in umgekehrter Richtung. Insgesamt wurden von

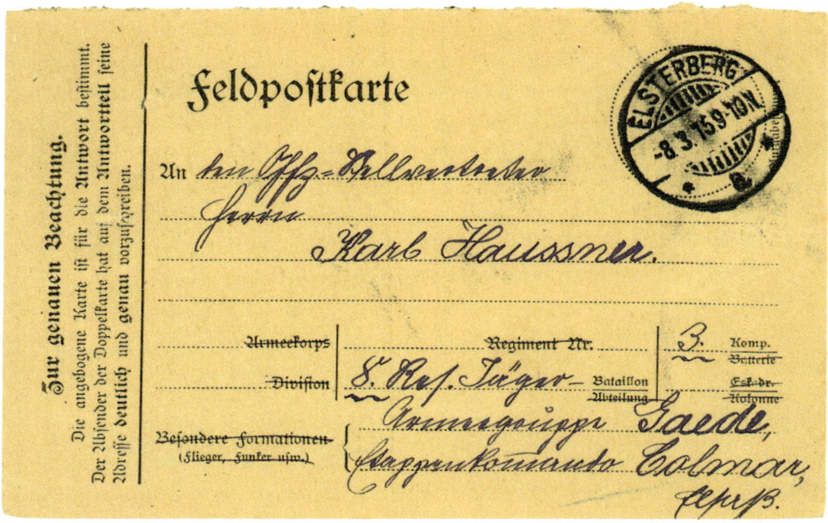

Neben den zahllosen unterschiedlichen Bildpostkarten gab es auch Feldpostkarten ohne Bildmotiv. Hier ein Gruß der Heimat an die Front im März 1915.

August 1914 bis November 1918 rund 28,7 Milliarden Postsendungen zwischen Front und Heimat verschickt. In Frankreich belief sich die Gesamtmenge der Feldpostsendungen während des Ersten Weltkriegs auf rund 10 Milliarden, was etwa 4 Millionen Sendungen pro Tag entsprach.

Die Militärführungen aller Kriegsparteien waren sich der enormen Bedeutung der Feldpost für die Stimmung der Frontsoldaten durchaus bewusst. So waren Mitte 1918 allein in Deutschland rund 8100 Beamte und 5000 militärische Hilfskräfte im Einsatz, um einen möglichst reibungslosen Postverkehr sicherzustellen. Die Erfassung, Beförderung und Verteilung der Feldpost erfolgte im Bereich der deutschen Armee über 53 Feldpostämter, 270 Feldpostexpeditionen und 417 Feldpoststationen. An der Spitze der Feldpost stand ein Feldoberpostmeister beim Generalquartiermeister. Für die Postversorgung der Kriegsschiffe war ein spezielles Marinepostbüro zuständig. Die einzelnen Postbereiche unterstanden der Befehlsgewalt der jeweiligen Militärführer.[3]

Eine Postkarte aus der Heimat ging vom aufnehmenden Postamt zunächst zu einer von 23 Postsammelstellen, wo sämtliche Briefe, Karten und Päckchen nach Truppenverbänden vorsortiert wurden. Von dort gelangten sie weiter an die Postleitpunkte der einzelnen Armeen, wo die Sendungen

Die Feldpostkarte war in allen am Krieg beteiligten Staaten ein zentrales Kommunikationsmittel zwischen den Soldaten und ihren Angehörigen. Diese französische Karte zeigt die Flaggen der Entente-Mächte.

an Feldpostämter, -expeditionen und -stationen verteilt wurden. Dort nahmen sie die Postabholer der Kompanien in Empfang, um sie zu den Unterkünften oder direkt in die Gräben zu tragen und den Empfängern auszuhändigen. Eine Karte von der Front in die Heimat nahm in etwa den selben Weg in umgekehrter Richtung.

Die Beförderung von Karten und Briefen bis zu 50 Gramm Gewicht war portofrei. Allerdings führten Verzögerungen und massenhafter Verlust von Postsendungen immer wieder zu Unmut und Verbitterung bei Soldaten und Angehörigen. Zudem verhängte man während des Krieges auf deutscher Seite etwa 600 Mal eine Feldpostsperre, bei der – zumeist aus militärischen und Gründen der Geheimhaltung – der Postverkehr kurzzeitig unterbrochen wurde.[4]

Den größten Teil unter allen Postsendungen machten Feldpostkarten aus, von denen auf deutscher Seite tagtäglich im Durchschnitt mehr als 8,5 Millionen Stück zwischen Front und Heimat hin und her gingen. Ganz überwiegend waren es Bildpostkarten mit den unterschiedlichsten Darstellungen – vom süßlichen Kitsch, über plumpe Kriegspropaganda, frivole Frauen in Uniform bis zu realistischen Szenen aus dem Frontalltag. Diese Fülle an Postkarten vermittelt einen lebendigen Eindruck davon, wie der

So reih' in Deine Sammlung fein,
Auch diese Ansichtskarte ein.

Die Feldpostkarten und -briefe waren nicht nur eine immense logistische Aufgabe für die Truppe, sondern auch ein Vehikel für Propaganda, Kunst und Kitsch wie diese Osterkarte aus dem Jahr 1915. Man dachte dabei auch an Sammler als Zielgruppe dieses Massenartikels.

Die Eroberung der belgischen Stadt Antwerpen als Motiv einer aufwändig gestalteten Karte. Dass bei der Besetzung Belgiens durch deutsche Truppen auch Kriegsverbrechen begangen wurden, bleibt natürlich ausgeblendet. In den Entente-Staaten wurden deutsche Kriegsgräuel auf Feldpostkarten angeprangert.

Süßlich-sentimentale Motive waren stark verbreitet. Sie gab es in allen drucktechnisch möglichen Farbschattierungen. Abschied und Sehnsucht gehörten auf beiden Seiten der Front zu den beherrschenden Themen. Die deutsche Karte unten rechts spiegelt ironisch die vor allem zu Kriegsbeginn verbreitete Spionagefurcht.

»Fräulein Feldgrau« kann als frühe Form des – freilich noch züchtigen – Pin-Ups gelten. Künstlerpostkarten wie »Die Vision des verwundeten Kriegers« (links oben) oder das Motiv von Robert Leinweber »Mich erbarmt des Volkes« (links unten) waren oft ständige Begleiter der Soldaten.

Weltkrieg von den Betroffenen an der Front und in der Heimat bildlich wahrgenommen wurde bzw. wahrgenommen werden sollte. Dabei machte die Bilderwelt der Postkarten natürlich nur eine Facette der Kriegswahrnehmung aus, allerdings nicht die unwichtigste.

Es fällt auf, dass der enormen Vielfalt an Bildmotiven eine gewisse Einförmigkeit in den schriftlichen Mitteilungen gegenübersteht. Als Beispiel seien die 37 Feldpostkarten erwähnt, die der Schriftsteller Ludwig Harig im Nachlass seines Vaters fand. Fast alle tragen den gleichen Text: »Aus dem Schützengraben sendet Euch bei völliger Gesundheit die besten Grüße Euer Sohn und Bruder Louis.«[5] Die Karte als Lebenszeichen war wichtiger als ein feinziselierter, inhaltsschwerer Text. Diesen gab es auch, in gestochener Schrift unter Ausnutzung des gesamten zur Verfügung stehenden Raumes geschrieben; aber er war eher die Ausnahme als die Regel. Längere Mitteilungen blieben meist den Briefen vorbehalten. Zu bedenken ist auch, dass viele Soldaten ungeübt waren, sich schriftlich auszudrücken, und darum oft formelhafte Wendungen gebrauchten.

Die deutsche Postkartenindustrie besaß um die Jahrhundertwende weltweit eine Spitzenstellung, sowohl drucktechnisch als auch im Hinblick auf Produktionsmengen und Umsatz. Am Vorabend des Weltkriegs teilten sich in Deutschland rund 250 größere Verlage und mehrere Dutzend Kleinbetriebe diesen lukrativen Markt. Nach Kriegsbeginn wurden auch die Feldpostkarten von der florierenden Kartenindustrie auf privatwirtschaftlicher Basis hergestellt und vermarktet. Die Motivauswahl funktionierte weiterhin nach den Gesetzen von Angebot und Nachfrage.

Allerdings führte die Militärführung umgehend eine Bildzensur für Postkarten ein, sogar noch vor der Textzensur. Ihr Hauptaugenmerk richtete sie auf Darstellungen vom Kriegsschauplatz, wobei sie keineswegs übermäßig rigide vorging. Nach den »Leitsätzen für die Bildzensur« vom Januar 1917 sollten entsprechende Fotos, »im weitesten Umfange zur Veröffentlichung zugelassen [werden]..., selbst wenn sie den ganzen Ernst des Krieges (Kampfszenen, Tote, Schwerverwundete)« zeigten. Jedoch sollten nach Anweisung des Stellvertretenden Generalstabs »übertriebene Darstellungen der Schrecken des Krieges oder solche, die von unseren Feinden ... benutzt werden können« keine Druckgenehmigung erhalten. Selbst Abbildungen von verstümmelten oder erblindeten Soldaten auf Postkarten waren aber erlaubt, »wenn sie den Zweck erkennen lassen, weniger das Leiden solcher

Kriegsbeschädigter als ihre Pflege und ihr Wohlergehen zur Darstellung zu bringen.«[6]

Aufs Ganze gesehen war in Deutschland der Einfluss der Zensur auf die Auswahl und Verbreitung der Bildmotive vermutlich geringer als vielfach angenommen. So wurden beispielsweise von 350 Postkarten-Motiven, mit denen sich die bayerischen Zensurstellen zwischen November 1916 und Oktober 1918 befassten, lediglich 26 verboten.[7] Das mag damit zusammenhängen, dass viele Angehörige der Zensurbehörden im Zivilleben Lehrer, Professoren oder Verwaltungsmänner und daher mit Texten weit vertrauter waren als mit Bildern. Ohnehin war die Kenntnis über »Sprache« und Wirkung von Bildern allgemein noch sehr gering. Dieser Kenntnismangel könnte auch der Grund dafür sein, dass die offiziellen Propagandastellen in Deutschland zunächst kaum Bilder einsetzten. Erst Anfang 1917 wurde das »Bild- und Filmamt« gegründet, das Fotos und Filmaufnahmen propagandistisch nutzte. Lediglich bei der Werbung für Kriegsanleihen setzte das Militär bereits früh auf die Wirkung heroischer Soldaten-Darstellungen.

Was die Beliebtheit bestimmter Motiv-Gruppen angeht, lassen sich mehrere Trends, sogar regelrechte Moden ausmachen. In den ersten Kriegsmonaten wurden besonders viele »Ulk-Postkarten« mit Verhöhnungen des Gegners auf den Markt geworfen. Doch relativ rasch stießen sie angesichts der bitteren Realität des Krieges sowohl bei Zensurbehörden als auch bei den Truppen auf Ablehnung. So schrieb ein Frontsoldat 1915 in einem Feldpostbrief, derartige Karten wirkten »angesichts unserer Toten und Verwundeten geradezu widerwärtig« und passten »ins Feld wie ein Clown auf ein Leichenbegräbnis«.[8] Die Zensur schritt gegen diese »Ulk-Postkarten« bald energisch ein. So betrafen die Verbote, die bis Ende 1914 in Bayern ausgesprochen wurden, fast ausnahmslos derartige Karikaturen und Verhöhnungen des Gegners, die übrigens in der Heimat weit mehr gekauft wurden als an der Front.

Eher kurzlebig war auch die Beliebtheit uniformierter Frauen als Bildmotiv. Das Frivole dieser Darstellungen – nicht zuletzt ein Spiel mit Geschlechtergrenzen und männlicher Identität – entsprach schon nach wenigen Kriegsmonaten nicht mehr der Gemütslage der Soldaten in den Gräben.

Gleiches gilt für jene »Kinder in Uniform«, die in der ersten Kriegsphase auf zahlreichen Postkarten in hohen Auflagen abgebildet wurden. Ab Mitte

1915 tauchten sie allmählich seltener auf. Ein »Kinderspiel« nämlich war der Krieg ganz und gar nicht, wie die Männer an der Front und ihre Angehörigen in der Heimat nur allzu rasch erfahren mussten. Bei beiden Motivgruppen sorgte vor allem sinkende Nachfrage für eine Reduzierung des Angebots. Die Zensur nahm anders als bei den »Ulk-Postkarten« weniger Anstoß.

Sehr hoch blieb während des gesamten Krieges der Anteil süßlich-sentimentaler Darstellungen, die rührselige Abschiedsszenen zeigen oder Frauen, die in häuslicher Umgebung sehnsuchtsvoll an ihren Ehemann an der Front denken. Die meisten dieser gestellt wirkenden Postkartenmotive nahm man in Fotoateliers mit professionellen Modellen auf, wobei häufig ganze Serien hergestellt wurden. Ungeachtet aller Nähe zum Kitsch brachten diese Motive offenkundig ein fundamentales Empfinden der Menschen massenwirksam zum Ausdruck. Übrigens ist nicht zu übersehen, dass die französischen Traum- und Sehnsuchtsszenen meist viel sinnlich-erotischer waren als ihre deutschen Entsprechungen, denen stets etwas Hölzernes anhaftete.[9]

Neben den genannten lassen sich eine ganze Reihe weiterer Motivgruppen ausmachen, die in allen Krieg führenden Staaten verbreitet waren. Da sind zum Beispiel die allegorischen Darstellungen der Germania, Austria oder Marianne sowie der Wappentiere Adler, gallischer Hahn und Löwe in allen Variationen und Größen. Des weiteren finden sich auf den Karten entschlossen dreinblickende Monarchen und Feldherren – in Deutschland vor allem Hindenburg – nebst einigen Kriegshelden wie der »rote Fliegerbaron« Freiherr Manfred von Richthofen oder der deutsche U-Boot-Kommandant Otto Weddigen. Nur wenige zivile Politiker schafften es auf eine Postkarte, besonders selten bei den Mittelmächten, wo höchstens mal Reichskanzler Bethmann Hollweg abgebildet wurde. Das Ausrücken der Truppen war ein ebenso verbreitetes Motiv wie das – anfangs meist neckisch-verharmlosend – dargestellte Leben in der Etappe. Auch der Frontalltag wurde auf zahllosen Postkarten gezeigt, wobei mit zunehmender Kriegsdauer die Darstellungen immer realistischer wurden – einschließlich Tod und Verwundung, soweit die Zensur es zuließ. Viele Motive dienten der Verklärung des Massensterbens an der Front zum Heldentod.

Sehr verbreitet waren Weihnachts- und Osterkarten, die meisten in stark säkularer Bildsprache gehalten, wogegen sich Feldpostkarten mit unmittelbar religiösen Motiven vergleichsweise selten finden.

Sogar Kriegsschäden wurden abgebildet. Hier ein Postwagen auf einer Karte zu Gunsten der »Kriegsspende von Angehörigen der Post- und Telegraphenverwaltung«.

Es mag erstaunen, dass ab Mitte 1915 zahlreiche Karten-Motive die Friedenssehnsucht der Menschen sehr direkt zum Ausdruck brachten und sogar sarkastische Kritik an der schlechten Ernährungslage von der deutschen Zensur zunächst unbehelligt blieb.[10]

Auch Gruppen- und Einzelaufnahmen von Soldaten waren ein gängiges Postkartenmotiv, wobei es gerade in diesem Genre einen wachsenden Trend zu selbstgemachten Bildpostkarten gab. Viele Amateurfotos wurden auf der Rückseite mit einer Postkartengliederung versehen und in die Heimat geschickt – häufig mit genauen Erläuterungen zu den abgebildeten Personen. Die Entwicklung handlicher Rollfilmkameras, z. B. die Kodak Vest Pocket, kam dem Bedürfnis, den Krieg aus der eigenen Perspektive zu dokumentieren, entgegen. Die emotionale Wirkung bei den Empfängern war natürlich weit höher, als sie klischeehafte Massenware erzielen konnte.[11] Ein 19-jähriger Sanitätssoldat schrieb im Juli 1915 von der Westfront an seine Eltern in Süddeutschland: »In letzter Zeit habe ich etliche Aufnahmen gemacht, unter anderem von meiner bisherigen Baracke 40. ... Das andere Bild stellt eine Wasch- und Putzszene im Hof dar. Da sich hier ein Buchladen, der auch etliche photographische Artikel führt, aufgetan hat, so kann ich meinen Bedarf notdürftig decken.«[12]

Feldpostkarten gehörten wie Tabak zum Grundbedarf der Truppe. Sie konnten unter anderem in den zahlreichen Feldbuchhandlungen erworben werden.

Von der anderen Seite der Front schrieb im März 1916 ein französischer Offizier an seine Frau: »Ich habe auch fotografiert und einige Aufnahmen von meinem Abschnitt gemacht. Ich hoffe, dass sie etwas geworden sind und Du Dir später mal eine Vorstellung von diesem traurigen Fleckchen Erde im Elsaß machen kannst, das von den Schanzarbeiten, dem Granathagel und den Luftminen um und um gewühlt worden ist.«[13]

Eine Besonderheit waren Abbildungen gefangener Soldaten. So gab es eine ganze Serie deutscher Feldpostkarten mit dem Titel »Russische Typen«. Ein deutscher Soldat schickte gleichsam als »Trophäen« unterschiedliche Exemplare an seine Frau nach Berlin (siehe Abbildungen S. 64–65), zum Teil mit »neckischen« Bemerkungen: »Meine Russen werden nicht alle. Wie Du siehst, erscheint heute wieder einer bei Dir. ... Er sieht schon etwas besser aus als die andern. Du lässt sie doch nicht frei herumlaufen, sondern bringst sie in Dein Gefangenenlager (Album)«.

Daneben finden sich eine ganze Reihe selbst gezeichneter Postkarten, auf denen Soldaten mit Bleistift oder Kohle Szenen aus ihrem Frontalltag festhielten, etwa ihren Unterstand, zerstörte Landschaften oder auch Portraits von Kameraden, und in die Heimat schickten. Für viele Künstler, z.B. für Otto Dix, waren selbst gezeichnete Postkarten ein Mittel, ihre oft bedrängenden Eindrücke vom Kriegsgeschehen spontan festzuhalten. Diese Postkartenskizzen mochten später oft als »Gedächtnisstützen« und erste Entwürfe für jene eindringlichen Kriegsgemälde dienen, wie sie nach 1918 etwa Otto Dix und Ernst Ludwig Kirchner geschaffen haben.[14]

Die Soldaten konnten ihre Feldpostkarten in den kleinen Marketender-Läden in der Etappe kaufen, wo sie häufig in Sechserserien angeboten wurden. Auch in den Päckchen aus der Heimat befanden sich immer wieder frische Postkarten.

Die Karten wurden zumeist im Tiefdruckverfahren, als Lithografie oder Autotypie (ein Buchdruckverfahren mit Rasterauflösung) hergestellt. Vereinzelt gab es auch Karten im Foto- und Bromsilber-Druck. Je länger der Krieg dauerte, desto knapper wurden die für aufwändige Techniken benötigten Materialien, so dass die Papier- und Druckqualität schlechter, Farbdruck immer seltener und auch die Postkarten »feldgrau« wurden. Zu Anfang des Krieges gab es dagegen noch »Luxus«-Karten, die mit Stickereien versehen oder aus Seidengewebe hergestellt waren.[15]

Sehr früh wurden Feldpostkarten zum Sammelobjekt. Bereits während des Krieges legten Privatleute Kriegssammlungen an, in denen sie Feldpostkarten und -briefe, Zeitungen, Brotmarken, Plakate, Uniformen, Waffen und andere Zeugnisse des Krieges aufbewahrten. Nach Kriegsende wurden diese Privatsammlungen weiter ausgebaut und später teilweise in öffentliche Museen integriert. Es entwickelte sich in allen ehemaligen Kriegsstaaten bald ein regelrechter Markt für Erinnerungsstücke aus dem Weltkrieg. In Deutschland fanden Interessenten etwa in der »Zeitschrift für Freunde von Gedenkstücken aus dem Völkerringen« ein Forum für Tausch-, Kauf- und Verkaufswünsche.[16]

Was wollte der Absender mit dem Postkarten-Bild seinen Lieben in der Heimat oder an der Front eigentlich sagen? Wollte er oder sie mit dem Bildmotiv überhaupt etwas sagen? Soll heißen: Lag der Wahl dieses oder jenes Motivs jedes Mal eine bewusste Entscheidung zu Grunde? Vieles spricht dagegen. Vielmehr scheint mit dem ausgewählten Motiv keineswegs immer auch eine (beabsichtigte) Botschaft an den Empfänger, die Empfängerin verbunden gewesen zu sein. So fällt auf, dass eher selten im Text auf das Bildmotiv Bezug genommen wird, der Text zuweilen sogar in einem eklatanten Missverhältnis zur Abbildung steht, wenn zum Beispiel die Ehefrau auf einer martialischen Propaganda-Karte für Kriegsanleihen kurz über einen Ausflug mit der Cousine berichtet. Allerdings finden sich auch Postkarten, deren Motiv den Empfängern sehr wohl etwas mitteilen, d.h. »vor Augen führen« sollte. Wie beispielsweise eine Karte vom 18. November 1914, die ein zerstörtes französisches Dorf zeigt. Auf der Rückseite schrieb ein französischer Soldat: »Meine liebsten Kinder, schaut euch meine Karte genau an, und sagt euch, wie glücklich ihr seid, in Arpaillargues [Heimatort des Schreibers, T. F.] zu sein und bedauert und betet vor allem für diese armen Opfer, die keine Häuser mehr haben, die den Schrecken des Krieges ausgeliefert sind.«[17]

Hier öffnet sich ein weites Feld für Spekulationen, denn auch das angedeutete Miss- bzw. Nicht-Verhältnis von Text und Bild mag eine verborgene Botschaft enthalten, ebenso wie die vielleicht unbewussten Beweggründe, dieses und kein anderes Postkartenmotiv zu wählen. Andererseits gibt es auch Postkarten mit direkten Äußerungen zum Motiv, beispielsweise zu Dorfszenen aus Russisch-Galizien oder Portraits russischer Kriegsgefangener, die häufig mit abschätzigen Kommentaren versehen wurden.

Ungeachtet aller Unsicherheiten und offenen Fragen sind die Abermillionen Feldpostkarten ein lebendiges Zeugnis für die bildhafte Wahrnehmung des Weltkriegs. Es ist allerdings eine ganz spezifische, meist stilisierte und mehrfach gebrochene Art der Wahrnehmung, welche die – unfassbare – Realität der Materialschlachten und des Massensterbens immer auf Abstand hält. Insofern vermitteln sie – trotz partieller Realitätsnähe – ein verharmlosendes Bild des Kriegsgeschehens.

Gleichwohl gewähren die Feldpostkarten faszinierende Einblicke in die Bilder- und Symbolwelt des Ersten Weltkriegs. Zudem berühren sie den heutigen Betrachter auch als Zeugnisse menschlicher Beziehungen. Bildeten Briefe und Karten doch das wichtigste Verbindungsglied zwischen den Soldaten und ihren Angehörigen in der Heimat und waren ein beredtes Transportmedium für so viele Hoffnungen und Ängste.

Soldaten beim Schreiben von Ansichtskarten

Im Schützengraben

»Meine liebste Marie! ... heute kann ich ja wieder Deinen lieben Sonntagsbrief erwarten, vorausgesetzt, dass die Feldpost regelmäßig kommt. In dieser Hoffnung bleibe ich mit tausend herzlichsten Grüßen Dein Hermann«. Dieser Wunsch ging via Postkarte im Juni 1916 von der Front in die Heimat.

Abschied

Von der »Julikrise« zum »August-Erlebnis«

»Da unsere Division wegen allzu müder Pferde Ruhetag hat, so will ich Euch mitteilen, dass es mir sehr gut geht. ... Soeben ist vom Oberkommando die Nachricht eingegangen, dass fünf [französische, T. F.] Armeecorps geschlagen sind, und unsere Krieger 70 000 Gefangene gemacht haben ... Wir werden in den nächsten Tagen wohl das ... Bundesschießen in Paris abhalten.« Das schrieb der Unteroffizier Wilhelm Stolte im September 1914 an »die Lieben in der Heimat«.[18]

Im Mai 1915 schickte der Gefreite Georg Bernde aus dem Lazarett eine Feldpostkarte an die Freundin in Zeitz: »Wenn nur der schreckliche Krieg bald ein Ende hätte, denn Jammer u. Elend ist in der Welt.« (Sammlung Heinrich)

Zwischen beiden Grüßen lagen acht Monate eines Krieges, dessen Schrecken alles Bisherige in den Schatten stellte und das Vorstellungsvermögen aller Beteiligten weit überstieg. Die Illusionen der Militärführung über einen kurzen Feldzug waren an der Realität des industrialisierten Krieges ebenso zerschellt wie die Hoffnungen der einfachen Soldaten, nach einem siegreichen Waffengang »zu Weihnachten 1914 wieder zu Hause zu sein«.

Mitte 1915, als jener Friedenswunsch mit ungelenker Hand geschrieben wurde, blickten die Front-Soldaten vielmehr in einen wahren Höllenschlund aus Tod, Verstümmelung und Schmerzen. Für die Familien in der Heimat trat neben die Sorge um ihre Angehörigen »im Felde« zunehmender Mangel an Lebensmitteln und Heizmaterial, so dass sich die Lebensverhältnisse – insbesondere in Deutschland und Österreich-Ungarn – rapide verschlechterten. Unter- und Mittelschichten waren davon weit härter betroffen als Wohlhabende, die sich auf dem Schwarzmarkt zusätzlich versorgen konnten.

Insgesamt vier Jahre – von August 1914 bis November 1918 – dauerte der Krieg, der sich aus einem scheinbar begrenzten Konflikt auf dem Balkan bald zu einem Weltkrieg mit Kampfhandlungen in Frankreich, den Alpen, in Osteuropa, Vorderasien und Afrika auswuchs.

An seinem Ende stand eine bis dahin unvorstellbare Bilanz des Schreckens. Insgesamt kamen an den Fronten über 8,8 Millionen Soldaten ums Leben; infolge von Hunger und Krankheiten fanden in der Heimat und in besetzten Gebieten rund 6 Millionen Menschen den Tod. Die Zahl der Verwundeten und Verstümmelten – viele von ihnen fürs Leben gezeichnet – belief sich auf insgesamt rund 19 Millionen. Hinzu kamen Hunderttausende, die zwar äußerlich unversehrt zurückkehrten, aber im zermürbenden Grabenkrieg schwere psychische Schäden erlitten hatten.

Der Krieg öffnete neue Abgründe des Schreckens und der Zerstörung. Er war der erste »industrielle Krieg«, in dem waffentechnische Innovationen wie Maschinengewehre, Flugzeuge und Panzer sowie industrielle Ressourcen Kampfformen und Kriegsverlauf bestimmten und letztlich über Sieg und Niederlage entschieden. Mit Recht wird der Weltkrieg 1914–18 als die »Urkatastrophe des 20. Jahrhunderts« angesehen (George F. Kennan), eines Jahrhunderts, das Gewalt, Tod und Leid in ungekanntem Ausmaß über die Menschen brachte.

Der Krieg führte zum Sturz jahrhundertealter Monarchien und veränderte die Landkarte. Nach der militärischen Niederlage mussten der deutsche Kaiser Wilhelm II. und der Habsburger Karl I. abdanken. In Wien und Berlin wurde die Republik ausgerufen. Der russische Zar Nikolaus II. war bereits Anfang 1917 gestürzt worden. Aus der Konkursmasse der Donaumonarchie und des Zarenreiches entstanden neue Staaten: die Tschechoslowakei, das Königreich Jugoslawien, Polen, Finnland, die baltischen Republiken Estland, Lettland und Litauen. Das Osmanische Reich

Unmittelbar vor der deutschen Kriegserklärung an Russland am 1. August 1914 wurde diese Erklärung Kaiser Wilhelms II. auf Plakaten verbreitet.

zerfiel. Die bolschewistische Oktober-Revolution von 1917 und der Eintritt der USA in den Krieg im April desselben Jahres bezeichnen den Beginn einer neuen Epoche, in der politische und ökonomische Entwicklungen sich in weltweitem – in »globalem« – Rahmen vollzogen.

Wie war es dazu gekommen? Was hatte zum Ausbruch des Ersten Weltkriegs geführt und wer trug daran die Hauptschuld? Fragen, die in Politik und Geschichtsschreibung über Jahrzehnte immer wieder für Kontroversen sorgten.

Als am 28. Juni 1914 in Sarajewo, der Hauptstadt des 1908 von Wien annektierten Bosnien-Herzegowina, der österreichische Thronfolger Franz Ferdinand und seine Gattin von einem serbischen Nationalisten ermordet wurden, war die Empörung in Österreich-Ungarn und auch in Deutschland groß – vor allem über die vermeintlichen Hintermänner in Serbien. Dass aus den Schüssen von Sarajewo aber ein »Weltenbrand« entstehen würde, lag noch außerhalb des Vorstellungsvermögens der meisten Zeitgenossen. Tatsächlich reichten die Ursachen für den späteren Weltkrieg tiefer – zu den über Jahrzehnte gewachsenen Machtrivalitäten in Europa und den politischen wie ökonomischen Interessen der jeweiligen Herrschaftseliten. Auch das taktische Geschick bzw. Versagen der Entscheidungsträger in der »Julikrise« gilt es zu bedenken, ohne dem Klischee von den »Männern, die Geschichte machen« zu huldigen.

Anfang des Jahrhunderts standen sich in Europa zwei verfeindete Bündnisse gegenüber: die Triple-Entente (1907) aus Frankreich, Großbritannien und Russland und der 1882 geschlossene »Dreibund« von Deutschland, Österreich-Ungarn und Italien. Das Verhältnis zwischen Berlin und London war durch die deutsche Flotten-Rüstung akut belastet, während die Interessen Österreich-Ungarns und Russlands auf dem Balkan aufeinander stießen. Auch war die »Erbfeindschaft« zwischen Deutschland und Frankreich seit dem deutschen Sieg im Krieg 1870/71 nicht geringer geworden.

Des weiteren trugen imperialistische Rivalitäten und Ambitionen zur Verschärfung der Spannungen bei. Vor allem das Deutsche Reich wähnte sich in puncto Kolonien und Einflussgebiete zu kurz gekommen und verlangte seinen »Platz an der Sonne«.

Nicht zu vergessen der innenpolitische Druck, unter dem die Herrschaftseliten standen. Im Deutschen Reich wuchs bei den »Spitzen der Gesellschaft« die Furcht vor einer selbstbewussten Arbeiterschaft, nachdem

Noch war man in Deutschland siegesgewiss: »Kriegs-Postkarte« vom 24. September 1914 mit Blick auf den Berliner Dom.

die SPD bei den Reichstagswahlen 1912 zur stärksten Partei geworden war. Derweil nahmen in der Donaumonarchie die nationalen Spannungen zu. Vor allem die slawischen Völker strebten nach Unabhängigkeit. Auch im Zarenreich häuften sich die Anzeichen einer Krise.

Für die Regierenden mochte es also eine verlockende Vorstellung sein, durch einen siegreichen Krieg die innenpolitischen Rivalen in Schach zu halten. Derlei Kalkulationen waren vielleicht nicht der entscheidende Faktor, aber doch ein Mosaikstein in der gesamten Motiv- und Interessenlage des Sommers 1914. Sehr deutlich sollte dieser Zusammenhang in der so genannten Kriegszieldiskussion werden, als etwa der Krupp-Direktor Alfred Hugenberg im Oktober 1914 forderte, die arbeitenden Massen von sozialen Forderungen dadurch abzulenken, dass man ihre Wunschvorstellungen auf territoriale Eroberungen richtete.[19]

Mit den Schüssen von Sarajewo war die Lunte entzündet. Wer war noch willens und in der Lage, sie auszutreten?

Der deutsche Generalstabschef Helmuth von Moltke und sein österreichischer Kollege Franz Conrad von Hötzendorf eher nicht. Letzterer hatte im März 1914 die rhetorische Frage gestellt, ob man denn »warten solle, bis Frankreich und Russland bereit wären, uns gemeinsam anzufallen, oder ob es nicht wünschenswert wäre, dass der ›unvermeidliche‹ Konflikt früher beglichen würde«. Auch Moltke redete im Mai 1914 einem Präventivkrieg gegen Russland das Wort, »um den Gegner zu schlagen, solange wir den Krieg noch einigermaßen bestehen« können. Denn in zwei oder drei Jahren werde Russland seine Rüstung abgeschlossen haben. »Die militärische Übermacht unserer Feinde (wäre) dann so groß, dass er nicht wüsste, wie wir ihrer Herr werden könnten.«[20] Kaiser Wilhelm II. sah das offensichtlich genauso. »Jetzt oder nie!« soll seine erste Reaktion gewesen sein, als er von dem Attentat von Sarajewo hörte.

Den »Falken« standen bei den Mittelmächten aber auch »Tauben« gegenüber. So befürworteten der greise Kaiser Franz Joseph I. in Wien und sein Außenminister Leopold Graf Berchtold zunächst nur eine Strafaktion gegen Serbien – den mutmaßlichen Drahtzieher des Attentats – und damit eine Begrenzung des Konflikts, zumal sie sich der Treue des deutschen Bündnispartners keineswegs sicher waren. In Berlin war es nicht zuletzt Reichskanzler Theobald von Bethmann Hollweg, der einen großen Krieg zwischen den europäischen Mächten zunächst vermeiden wollte, diese Position aber nicht durchzuhalten vermochte.

Am 5. Juli traf der österreichische Abgesandte Alexander Graf von Hoyos in Potsdam mit Wilhelm II. zusammen. Der deutsche Kaiser sicherte dabei seine volle Unterstützung für ein gezieltes Vorgehen gegen Serbien zu. Es blieb allerdings offen, wie die Aktion konkret aussehen sollte, so dass die deutsche Beistandserklärung faktisch einem »Blankoscheck« gleichkam. Sowohl Wilhelm II. als auch Bethmann Hollweg mochten zu diesem Zeitpunkt noch annehmen, dass sich der »Fall Serbien« binnen acht Tagen entweder durch ein Einlenken Serbiens oder durch dessen militärische Niederwerfung erledigen würde. Wilhelms II. Bemerkung aber, dass man auch »für einen anderen Ausgang gerüstet« sei, lässt vermuten, dass er sich des Risikos eines Eingreifens der Großmächte und damit eines gesamteuropäischen Krieges durchaus bewusst war. Vor allem Russland könnte sich hinter Serbien stellen, was auch Frankreich, das mit dem Zarenreich in der Triple-Entente verbunden war, auf den Plan rufen würde. Wilhelm II. nahm dieses Risiko in Kauf, bestärkt durch seine führenden Militärs: »Die Armee ist bereit« verkündete Kriegsminister Erich von Falkenhayn. Trotzdem gingen die meisten Akteure zunächst einmal in Urlaub.

In Österreich-Ungarn wuchs unterdessen die Entschlossenheit zum Krieg gegen Serbien. »Serbien muss sterbien!« grölte der Wiener Mob.

Auch der ungarische Ministerpräsident Stefan Graf von Tisza war mittlerweile von seiner ablehnenden Haltung abgerückt. Dem Balkanstaat sollte nun ein faktisch unannehmbares Ultimatum gestellt werden, nach dessen Ablehnung der Angriff erfolgen konnte. Am 23. Juli wurde das Ultimatum in Belgrad übergeben. Die serbische Regierung reagierte zwar überraschend entgegenkommend, indem sie nur die unmittelbare Einmischung in ihre inneren Angelegenheiten ablehnte; dennoch erklärte Wien am 28. Juli Serbien den Krieg.

Viel hing nun vom Verhalten Russlands ab. Dort war es vor allem Außenminister Sergej Sasonow, der eine Zerstörung Serbiens mit aller Macht, d.h. auch militärisch, verhindern wollte, während Zar Nikolaus II. in der Juli-Krise lange auf eine friedliche Lösung hoffte. Nach dem Einmarsch Österreich-Ungarns in Serbien übernahmen ebenfalls in St. Petersburg die Kriegsbefürworter das Kommando und ordneten am 30. Juli die Mobilmachung an.

Ende Juli waren auch Wilhelm II. und seine Militärs wieder aus dem Urlaub zurück. Inzwischen war klar, dass Bethmann Hollwegs Hoffnung vom 5. Juli, die Bündniszusage an Wien würde nur eine begrenzte Militäraktion auf dem Balkan nach sich ziehen, gescheitert war. Nunmehr verlangten die »Falken« im Umkreis des Kaisers offen die »große Lösung«: Abrechnung mit Russland und Frankreich. Die russische Mobilmachung lieferte dafür einen willkommenen Vorwand. Nun war es möglich, den Krieg als einen Verteidigungskrieg gegen das zaristische Reich hinzustellen. Am 1. August befahl Kaiser Wilhelm II. die Mobilmachung.

Das Deutsche Reich freilich begann den Krieg mit einem eklatanten Völkerrechtsbruch: dem Einmarsch in das neutrale Belgien, um gemäß dem »Schlieffenplan« Frankreich in einer »Sichelbewegung« schnell zu besiegen. Ein Zweifrontenkrieg sollte vermieden werden. Daraufhin erklärte Großbritannien am 4. August Deutschland den Krieg. Der Erste Weltkrieg hatte begonnen.[21]

Der Artikel 231 des Versailler Vertrags gab später Deutschland und seinen Verbündeten die Alleinschuld am Ausbruch des Krieges. Damit aber machten es sich die Sieger des Weltkrieges etwas zu einfach.

So hatte die serbische Regierung beim Attentat von Sarajewo tatsächlich eine gewisse Rolle gespielt. Dessen ungeachtet stellte sich Russland vorbehaltlos hinter Serbien und heizte durch lautes Säbelrassen die Krise zusätzlich an. Frankreich wiederum, dem die schmachvolle Niederlage von 1870/71 noch in den Knochen saß, unternahm kaum etwas, um eine Eskalation zu verhindern, versicherte vielmehr Russland seiner Bündnistreue. Allein Großbritannien, namentlich Außenminister Edward Grey, versuchte, einen großen Krieg zu verhindern. Bethmann Hollweg jedoch wies am 27. Juli das britische Vermittlungsangebot schroff zurück, wie man in Berlin auch die deutliche Warnung des britischen Außenministers, man werde einem deutschen Angriff auf Frankreich nicht tatenlos zusehen, in den Wind schlug.

In Deutschland hatten radikale Nationalisten vom Schlage des Alldeutschen Verbandes, einer 1890 gegründeten rechtskonservativ-bürgerlichen Gruppierung, seit Jahren imperialistische Träume gehegt, unterstützt von Teilen der Industrie. Führende Militärs wie Moltke, Falkenhayn oder Tirpitz drängten auf einen großen Krieg. In Wien wollte man die Abrechnung mit Serbien, das Risiko eines europäischen Krieges nahm man in Kauf.

Kurzum – dass führende Kreise in Deutschland und Österreich-Ungarn zwar nicht die Allein-, doch aber die Hauptschuld am Ausbruch des Ersten Weltkriegs trugen, ist mittlerweile nahezu unbestritten.

In ganz Europa wurden im Zuge der Mobilmachung Hunderttausende zu den Waffen gerufen. Überall zogen Gruppen junger Männer Hüte schwenkend in die Kasernen. Auf Deutschlands Straßen und Plätzen herrschte eine euphorische Stimmung. Zehntausende meldeten sich freiwillig zum »Dienst fürs Vaterland«. Der Ausmarsch der Truppen war vom Jubel der Menschen begleitet. Frauen steckten den Soldaten Blumen an die Uniformen und folgten ihnen zum Bahnhof, von wo aus die Truppen an die Front transportiert wurden. Viele Waggons trugen handgeschriebene Parolen wie: »Auf nach Paris!« oder »Jeder Schuss ein Russ', jeder Stoß ein Franzos'«, »Weihnachten in Frankreich/Ostern in England«. Der »Geist von 1914« hatte die Deutschen erfasst, die mehrheitlich überzeugt waren, einen gerechten Verteidigungskrieg gegen Russland und Frankreich zu führen. Nun wolle man es den »Neidern« in Ost und West einmal zeigen und man werde sich den angemessenen Platz im Machtgefüge Europas und der Welt schon erkämpfen. So las man es zumindest in den Zeitungen.

Politische und soziale Gegensätze schienen ihre Bedeutung zu verlieren, zumal Kaiser Wilhelm II. in einer pathetischen Rede zu Kriegsbeginn ausgerufen hatte, er kenne keine Parteien mehr, er kenne nur noch Deutsche.

Auf Glückwunschkarten ließ man die Kriegskoalition der Mittelmächte hoch leben. Die drei Knaben stehen für die Bündnispartner Deutschland, Österreich-Ungarn und die Türkei.

»Wir werden in den nächsten Tagen wohl das ... Bundesschießen in Paris abhalten«, schrieb der Unteroffizier Wilhelm Stolte im September 1914.

Vor allem in bürgerlich-akademischen Kreisen Deutschlands wurde der Krieg als höchst willkommene Gelegenheit begrüßt, der als dumpf und lähmend empfundenen Atmosphäre der wilhelminischen Gesellschaft zu entkommen. Nun endlich sollte es wieder Gelegenheit zum heroischen Erlebnis, zur männlichen Bewährung im Kampfe geben. Auch ein Thomas Mann wurde von der Kriegsbegeisterung erfasst. »Krieg! Es war Reinigung, Befreiung, was wir empfanden... Es war der nie erhörte, der gewaltige und schwärmerische Zusammenschluß der Nation in der Bereitschaft zu tiefster Prüfung ... Aller innerer Hader, den der Komfort des Friedens hatte giftig werden lassen – wo war er nun?« So beschrieb er im September 1914 die Stimmungslage.[22]

Ganz ähnlich empfand der damals 18-jährige Gymnasiast Carl Zuckmayer: »Befreiung von bürgerlicher Enge und Kleinlichkeit ... von alledem, was wir – bewußt oder unbewußt – als Saturiertheit, Stickluft, Erstarrung unserer Welt empfunden, wogegen wir schon im ›Wandervogel‹ revoltiert hatten. [Jetzt war] es Ernst geworden, blutiger, heiliger Ernst, und zugleich ein gewaltiges, berauschendes Abenteuer, für das man ein bißchen Zucht und Kommißkram gern in Kauf nahm. Wir schrieen ›Freiheit‹, als wir uns in die Zwangsjacke der preußischen Uniform stürzten.«[23]

Das war indes nur die halbe Wahrheit. Fraglos gab es diese Kriegsbegeisterung – geschürt von national gesinnten Journalisten, Lehrern, Professoren, euphorisierten Schriftstellern; angeheizt von Plakatmalern und Postkarten-Verlegern. Viele Menschen, nicht zuletzt die jungen Kriegsfreiwilligen aus bürgerlich-akademischen Kreisen, mochten diesen »vaterländischen Enthusiasmus« ehrlich verspüren.

Aber es gab auch viele Sorgen und Ängste, nicht zuletzt in den weniger betuchten Bevölkerungsschichten. Am 2. August, einen Tag nach der Kriegserklärung an Russland, notierte ein national-liberaler Abgeordneter über seine Eindrücke in Berlin: »Unter den Linden wiegen Menschenmassen. ... Meist sind es junge Burschen mit ihren Mädchen, die johlend und grölend den Mittelweg entlang ziehen. Sobald man aber in die Seitenstraßen kommt, merkt man wieder den dumpfen Ernst, der über dem Volke wacht.«[24]

Viele Menschen ahnten, dass dieser Krieg auch Leid, Not und Entbehrungen, dass er Tod und Verwundung bringen werde. Zur Schau gestellte Kriegsbegeisterung gab es vor allem in den deutschen Großstädten und bei Angehörigen der mittleren und höheren Schichten. Dagegen waren in ländlichen Gegenden die Sorgen um den Ernährer, nicht zuletzt um die Einbringung der Ernte weit verbreitet – Empfindungen, die sich kaum als Bild-Motive für illustrierte Zeitungen oder Postkarten eigneten.

Ohnehin stellte sich bei den meisten Frontsoldaten, die im August/September 1914 mit begeisterten Gesichtern in den Krieg gezogen waren, spätestens mit den ersten Grabenkämpfen eine bittere Desillusionierung ein.

ART. FISCHER
DEUTSCHLANDS STOLZ!

Kaiser Wilhelm II. und Generalfeldmarschall Paul von Hindenburg (linke Seite) waren auf deutschen Postkarten ebenso beliebte Motive wie die Staatsoberhäupter der verbündeten Staaten. Im oberen Bild neben dem deutschen Kaiser von links nach rechts: Kaiser Franz Joseph I. von Österreich-Ungarn, König Ferdinand I. von Bulgarien und Sultan Mehmed V., Herrscher des osmanischen Reiches.

Vor allem in den ersten Kriegsjahren hatten Herrscherbilder Konjunktur: Die Karten mit dem österreichischen Kaiser Franz Joseph sowie mit Kaiser Wilhelm II. (rechte Seite) als standfestem Steuermann und »Beschützer der Witwen und Waisen« entstanden um 1915. Auch die Lazarettbesuche von Kaiserin Auguste Viktoria wurden propagandistisch überhöht.

Lieb Vaterland kannst ruhig sein
Du brauchst niemals verzagen
Du hast den rechten Steuermann
In diesen schweren Tagen.
Königsberg
Danzig
Hamburg
Posen
Bremen
Berlin
Dresden
Leipzig
Cöln
Breslau
Stuttgart
Strassburg
München

DES VOLKES DANK
IST EUCH GEWISS!

Mit den Müttern und Vätern,
den Witwen und Waisen empfinde
ich den Schmerz um die Lieben,
die fürs Vaterland starben.

Lieb Vaterland magst ruhig sein
1914
DIE 3 KLUGEN
Der deutsche Michel ist erwacht!

PARIS
„Ich spiele nicht mehr mit, Du haust so derbe!"
„„Na ja, erst fangste an und denn rückste aus!""

Die Schmähung und Herabsetzung des Gegners war hauptsächlich in der Frühphase des Krieges auf allen Seiten ein verbreitetes Kartenmotiv. Hier Beispiele aus Deutschland (linke Seite) und Russland (oben): »Unsere Freunde halten den Schelm fest,/ Für Wilhelm gibt es keinen Ausweg mehr,/ Und er wählte eine solche Pose,/ dass er die russische Dosis erhält./ Dem Kosacken jucken die Hände,/ Und dem Preußen krachen die Hosen./ Und der unglückliche Franz-Joseph,/ hat seinen habgierigen Plan aufgegeben./ Er verflucht das beklagenswerte Los/ Und verschreibt sich dem serbischen Stab«.

Vive
la France
RÉPUBLIQUE FRANÇAISE
9325

Bestimmte Posen tauchten auf den Postkarten aller Kriegsparteien auf. Siegesgewissheit und Verklärung des »Heldentodes« gingen Hand in Hand und sollten die Völker zum Kriegseinsatz motivieren. Die Soldaten erlebten den Krieg zumeist anders.
Ein deutscher Soldat schrieb am 21. Mai 1916 an eine Bekannte in Radebeul: »Ach dieses öde, traurige Leben u. schon 22 Monate. Die Franzmänner haben sich wieder etwas beruhigt. Jetzt wird es an der italienischen Front sehr munter. Sehr schöne Erfolge, aber in diesem Jahr wird es noch nicht zum Frieden kommen.«

42 cm
Unsere Tante aus Essen.
Ja Ja der liebe Franzmann
Der hat ein großes Maul.
Doch uns're Tant' aus Essen,
Die ist auch gar nicht faul.

Der so sehr Gefürchtete
Hurrah, der Feind reisst aus!
Hier drehen
CREUSOT
KRUPP
KRUPP
42 cm
So schießen die feindlichen Kanonen u. so unsre großen Brummer

Der Krieg zwischen den Nationen war auch einer zwischen ihren Rüstungsfirmen wie etwa Creusot und Krupp. Bei der mechanischen Karte (linke Seite unten) konnte man durch Drehen »virtuelle Granaten« auf den Feind abfeuern.

Vorposten am
Weihnachtsabend.
Dem Beschützer deutscher Ehre
ein zufriedenes Weihnachtsfest
mit den besten Wünschen zum
Neuen Jahre für gesunde Rückkehr!

Von der Beschaulichkeit der Weihnachtskarte aus dem Jahr 1914 oder der aggressiven Siegesgewissheit des Scherenschnitts blieb bald nur noch Verbitterung und Hoffnung auf ein schnelles Ende des Krieges. Linkes Bild: Grußkarte eines Landwehrmannes aus dem besetzten Teil Russlands im April 1917.

»Wir sind im Schützengraben auf Vorposten; in den Schützengräben steht das Wasser 30 cm hoch, und gleichzeitig haben wir Kämpfe mit den Deutschen. Wann hat ... diese Qual nur ein Ende? Es regnet hier ununterbrochen, seit fünf Monaten sind wir nicht mehr aus den Hosen gekommen ...«, schrieb Corporal Francois Vacquié in einem Brief vom 28. Dezember 1914.

Trotz ihrer Breitenwirkung wurde die Postkartenpropaganda nicht zentral gesteuert: Jeder Unternehmer durfte sich mit mehr oder weniger originellen Motivideen an dem lukrativen Geschäft beteiligen.

Im Schützengraben

Langemarck und Tannenberg

Am 4. August marschierten deutsche Truppen ins neutrale Belgien ein. Dieser Bruch des Völkerrechts war Teil des so genannten Schlieffenplans, der den Operationen der deutschen Armee zu Grunde lag. Entworfen hatte ihn der frühere Generalstabschef Alfred von Schlieffen, der damit ein fast »unfehlbares« Rezept zur Führung eines siegreichen Krieges gegen Frankreich und Russland gefunden haben wollte. Demnach sollten deutsche Truppen im Norden Frankreichs in einer »Sichelbewegung« vorstoßen, während sie sich im Süden zurückziehen und die Franzosen nach Osten locken sollten. Dies würde dazu führen – so die Planung –, dass die deutschen Truppen dort die französische Armee auch von hinten angreifen könnten. Nach einem raschen Sieg über Frankreich infolge dieser Einkreisungsstrategie würde die deutsche Armee mit geballter Kraft im Osten das Zarenreich niederwerfen.

Soweit die Theorie. Es kam alles ganz anders. Denn wieder einmal bewahrheitete sich die eindringliche Warnung eines Carl von Clausewitz vor den »Friktionen«, den Unwägbarkeiten, eines jeden Krieges.[25] Es begann schon damit, dass der deutsche Vormarsch in Belgien langsamer voran kam als geplant, weil die belgischen Streitkräfte unerwartet zähen Widerstand

Truppentransport 1915: Gefangene Franzosen im offenen Güterwagen begegnen deutschen Einheiten, die in geschlossenen Waggons an die Front rollen.

leisteten. So konnte die Festung Lüttich nach schweren Kämpfen erst am 17. August gestürmt werden. Weltweite Empörung riefen zahlreiche Kriegsverbrechen hervor, die deutsche Truppen bei der Eroberung Belgiens begingen. Aus Furcht vor vermeintlichen Freischärlern (»Franktireurs«) wurden rund 6 000 Zivilisten getötet. Zahlreiche Städte sanken teilweise in Trümmer, darunter die alte Universitätsstadt Löwen, deren berühmte Bibliothek ein Raub der Flammen wurde.[26] Auf Plakaten, Flugblättern und auch Feldpostkarten prangerte die gegnerische Propaganda deutsche Kriegsgräuel an.

Was folgte, ging als das »Wunder an der Marne« in die Kriegsgeschichte ein. Anfang September 1914 standen die deutschen Truppen bereits 80 Kilometer vor Paris, aus dem sich die französische Regierung nach Bordeaux abgesetzt hatte. Doch die deutsche Frontlinie war mittlerweile stark überdehnt, so dass es erhebliche Nachschubprobleme gab – ein Aspekt, den die deutsche Militärführung von vornherein sträflich vernachlässigt hatte. So standen beispielsweise statt der für die Umsetzung des Schlieffenplans benötigten 18 000 Lastkraftwagen nur 4 000 zur Verfügung, von denen 60 Prozent wegen technischer Probleme im Verlauf des Vormarsches ausfielen.[27] Angesichts dieser unerwarteten Schwierigkeiten und

Der Sieg bei Tannenberg im August 1914 und die anschließende Vertreibung der russischen Truppen aus Ostpreußen begründeten den »Hindenburg-Mythos«. Für die Gestalter von Feldpostkarten waren die deutschen Siege natürlich dankbare Motive.

einer Massierung französischer Truppen nördlich von Paris entschloss sich Generalstabschef Moltke, die Schlacht nach wenigen Tagen abzubrechen und seine Truppen zurückzunehmen. Der schnelle Vormarsch im Westen – und damit der gesamte Schlieffenplan – war gescheitert. Moltke erlitt einen Nervenzusammenbruch und wurde als Generalstabschef durch General Falkenhayn ersetzt.

Im Oktober/November 1914 versuchten die Deutschen bei Ypern in Flandern noch mehrere Vorstöße gegen das über den Ärmelkanal nach Nordfrankreich transportierte britische Expeditionsheer, die aber alle unter schweren Verlusten stecken blieben. Zum Mythos verklärt wurde dabei das militärisch sinnlose, überaus verlustreiche Anrennen deutscher Freiwilligen-Verbände bei Langemarck.

Anfang Dezember 1914 waren im Westen die Fronten endgültig erstarrt. Die Truppen gruben sich ein und es begann ein zermürbender Stellungskrieg, mit dem niemand gerechnet hatte.

Auch an der Ostfront lief es zunächst anders als die deutsche Militärführung erwartet hatte. Russland gelang die Mobilisierung seiner Truppen nämlich erstaunlich schnell. Mit einer gewaltigen Übermacht drang die zaristische

Armee Mitte August 1914 gegen die deutschen Stellungen vor und besetzte große Teile Ostpreußens. Überstürzt floh die deutsche Bevölkerung vor den anrückenden Russen. Es war die erste große Fluchtbewegung in einem Krieg, in dessen Verlauf auf den verschiedenen Kriegsschauplätzen bald Hunderttausende auf der Flucht waren. In dieser bedrängten Lage musste Moltke früher als geplant mehrere Divisionen aus Frankreich an die Ostfront verlegen – eine der Ursachen für das Scheitern des Schlieffenplans. Die deutsche Militärführung übergab das Oberkommando im Osten sodann dem bereits pensionierten General Paul von Hindenburg. Chef seines Generalstabs wurde Erich Ludendorff, ein so fähiger wie gefühlskalter und skrupelloser Militär-Technokrat. Unter ihrem Befehl erzielten die deutschen Truppen dank kluger Planung und hoher Beweglichkeit Ende August 1914 bei Tannenberg, wenig später an den Masurischen Seen entscheidende Siege über die Russen. Deren rein zahlenmäßige Überlegenheit blieb wirkungslos, da es ihnen nicht gelang, genügend Nachschub und funktionierende Nachrichtenverbindungen sicherzustellen.

Dieser Erfolg der deutschen Truppen begründete jenen »Hindenburg-Mythos«, der in den folgenden Jahren noch eine fatale Rolle spielen sollte.

Erste Kriegsweihnacht und das Ende der Illusionen

Die meisten deutschen Soldaten waren im August 1914 in der Erwartung an die Front gezogen, bis Weihnachten wieder zu Hause zu sein. So hatte es auf Eisenbahnwaggons gestanden, so hatten sie in Briefen und auf Karten geschrieben. Und hatte nicht Wilhelm II. den ausrückenden Truppen hinterhergerufen »Ehe die Blätter fallen, werdet Ihr wieder zu Hause sein«?

Nun war es Weihnachten geworden und an ein Ende des Krieges war nicht zu denken. Statt im Kreise der Familie saßen die Soldaten an der Westfront in schlammigen Gräben und feuchten Unterständen. Dennoch bemühten sie sich, auch unter diesen Umständen Weihnachtsstimmung aufkommen zu lassen. Allenthalben wurden Weihnachtsbäume aufgestellt; Feldgottesdienste boten Gelegenheit zu innerer Einkehr. Eine zentrale Bedeutung hatten natürlich Briefe und Kartengrüße an und von Angehörigen und Freunden in der Heimat. Hunderttausende Päckchen mit »Liebesgaben« sorgten für willkommene Aufbesserung der Verpflegung.

An einzelnen Frontabschnitten kam es in diesen Tagen sogar zu Verbrüderungen. Im Stellungskrieg lagen die Truppen häufig nur wenige Dutzend Meter, also in Rufweite, voneinander entfernt. Zuerst zaghaft, dann immer

FUNKERS
1915.

Zu Weihnachten 1914 gab es noch Hoffnungen auf baldigen Frieden, wenn auch die Kriegsrealität bereits viele Illusionen zerstört hatte. Selbstgezeichnete Karten zeigten subjektive Einblicke in den Frontalltag, hier ein Feldquartier.

mutiger nahmen insbesondere englische und deutsche Soldaten zu Weihnachten 1914 Kontakt auf. Nach dem Absingen von Weihnachtsliedern wagten sich die ersten aus den Gräben. Zunehmend unbefangen begegneten sich die Kriegsgegner im Niemandsland zwischen den Stellungen. Tags zuvor hatten sie noch versucht, sich gegenseitig umzubringen. Kleine Geschenke wurden ausgetauscht, Fotos von Frauen und Kindern herumgezeigt. Manchmal stellte man sich sogar noch zu gemeinsamen Gruppen-Fotos auf. Krieg und Feind-Propaganda waren für Augenblicke vergessen. Im folgenden Jahr sorgten die Militärführer durch strenge Strafandrohungen dafür, dass derartige Weihnachts-Verbrüderungen unterblieben.[28]

Nicht nur die Hoffnung auf »Weihnachten zu Hause« war im Dezember 1914 an der Realität des Krieges zerbrochen, sondern eine ganze Reihe weiterer Illusionen. Das Erstarren der Westfront im Stellungskrieg widersprach den strategischen Erwartungen der Militärführungen, die ursprünglich – Franzosen nicht anders als Deutsche – auf einen traditionellen Bewegungskrieg und Offensive gesetzt hatten. Zudem hatten die Generäle die Wirkung neuer Waffen, insbesondere des Maschinengewehrs, falsch eingeschätzt. Die französische Militärführung beispielsweise hielt das MG zunächst für eine schlagkräftige Angriffswaffe. Tatsächlich erwies sich aber, dass oft eine einzige MG-Stellung genügte, um einen gegnerischen Sturmangriff zu stoppen. Umgekehrt ignorierte der deutsche Generalstab ab 1916 weitgehend die strategische Bedeutung der von Briten und Franzosen entwickelten »Tanks«, gepanzerter Kampfwagen für den Durchbruch durch feindliche Linien. Nicht weniger illusionär war die Vorstellung, dass überlegener »Kampfwille« und »Nervenstärke« der deutschen Soldaten die Wirkung von Maschinenwaffen auf Dauer würden neutralisieren können.[29]

Desillusionierung gab es auch und vor allem bei den einfachen Soldaten, deren Kampfmoral bald durch negative Erfahrungen im Frontalltag beeinträchtigt wurde. Über die Realität des Grabenkrieges schrieb ein französischer Offizier am 2. August 1916 an seine Frau. »Hier herrscht eine drückende Hitze, und in unseren stickigen Unterständen, unseren Lauf- und Schützengräben ohne eine Spur von Schatten ist das Leben sehr anstrengend, das muss ich schon sagen. Noch unerträglicher wird es durch die unzähligen Flöhe, die am ganzen Körper pieken und jucken, durch die Mückenschwärme und die Myriaden von Bremsen; die einen zerstechen uns nachts, die andern am Tage. Sie lassen uns keine Ruhe und verursachen Fieberanfälle. Und dann der Gestank, der fade, widerwärtige, Übelkeit hervorrufende Gestank, der überall herrscht und den wir mit Desinfektionsmitteln zu bekämpfen suchen...«[30]

Auch die soziale Kluft zwischen Soldaten und Offizierskorps gab immer wieder Anlass zur Unzufriedenheit. Dies betraf Unterschiede bei der Verpflegung ebenso wie bessere Unterkünfte und Urlaubsregelungen oder arrogant-rücksichtsloses Verhalten gegenüber Untergebenen. Ein junger Kriegsfreiwilliger schrieb am 28. Juni 1915 von der Westfront an eine Freundin in Berlin: »Wenn's dabei geblieben wäre, dass man mir meine Sachen stahl, dass ich meinem Unteroffizier die Stiefel putzen musste, wollte ich noch nichts sagen. Der Mensch ist ja ein Gewohnheitstier. Aber dass ich dauernd in Gefahr war, von den Kerls u. meinem Vorgesetzten verprügelt zu werden, ist schon etwas anderes.«[31] An diesem Gesamteindruck konnten auch jene Frontoffiziere nichts ändern, die ehrliches Verantwortungsgefühl für »ihre« Einheiten zeigten. Mochte des Kaisers Ausspruch vom Kriegsbeginn, er kenne »keine Parteien mehr, nur noch Deutsche« bei vielen Soldaten das Bild einer verschworenen »Frontgemeinschaft« hervor-

»Askaritreue in Deutsch-Ostafrika« von Fritz Grotemeyer auf einer Postkarte der »Kolonial-Krieger-Spende«. Heroisiert wird die Opferbereitschaft der aus Einheimischen rekrutierten Hilfstruppen.

gerufen haben, zeigte sich doch bald, dass die Mechanismen der Klassengesellschaft an der Front keineswegs aufgehoben waren. Dies galt mit Abstufungen für alle Krieg führenden Staaten.

Schikanen und Zurücksetzungen betrafen im deutschen Heer nicht zuletzt jüdische Soldaten, von denen sich jeder Zehnte freiwillig gemeldet hatte. Mit zunehmender Dauer des Krieges häuften sich antisemitische Äußerungen von Offizieren. So schrieb im März 1917 der jüdische Soldat Herbert Czapski von der Ostfront nach Berlin: »Die Vorkommnisse, von denen ich gern berichten würde, brieflich aber nicht kann, beziehen sich auf jüd.[ische] Soldaten, denen gegenüber das Benehmen des Hauptmanns auch gegen das Kaiserwort: ›Ich kenne keine Parteien mehr‹, verstößt.«[32]

Als Höhepunkt der Diskriminierung empfanden viele jüdische Soldaten die so genannte Judenzählung im deutschen Heer vom November 1916, mit der der Anteil jüdischer Soldaten festgestellt werden sollte. Vermutlich erfolgte die Judenzählung auf Drängen völkischer Gruppen und Offiziere, die den deutschen Juden einen Mangel an »Wehrbereitschaft« unterstellten. Die Erhebung ergab allerdings eindeutig, dass der Anteil der jüdischen Soldaten fast genau ihrem Bevölkerungsanteil entsprach.

Während die Fronten im Stellungskrieg erstarrten, entbrannte – vor allem in Deutschland – eine leidenschaftliche Kriegszieldiskussion. Besonders schrill meldeten sich der nationalistische Alldeutsche Verband und Teile der Industrie zu Wort. Ihre Forderungen umfassten u.a. weiträumige Annexionen in Osteuropa (auf Kosten Russlands), die Aneignung französischer Eisenerzgebiete sowie die Annexion bzw. dauerhafte Kontrolle Belgiens. Zwar versuchte die Reichsregierung unter Bethmann Hollweg zunächst, die Kriegszieldiskussion einzudämmen, doch tauchten einige dieser Forderungen in seinem »September-Programm« von 1914 wieder auf – so Annexionen im Westen, Belgien als bloßer Vasallenstaat und die Neuordnung Europas unter deutscher Vorherrschaft. Umstritten bleibt allerdings, inwieweit dieser Kriegszielkatalog für das Handeln von Regierung und Militärführung tatsächlich Richtung gebend war. Als indes das Deutsche Reich die Möglichkeit hatte, einem besiegten Gegner seine Bedingungen zu diktieren – im März 1918 gegenüber Sowjet-Russland – legte es sich keinerlei Hemmungen auf und setzte weitreichende Gebietsabtretungen durch.

Die Kriegsziele Frankreichs, Großbritanniens und ihrer Verbündeten konzentrierten sich insbesondere auf den Nahen Osten, wo man vom Zusammenbruch des Osmanischen Reiches, dem Bündnispartner der Mittelmächte, zu profitieren gedachte. Ein weiteres Kriegsziel der Alliierten bestand in der Eroberung und Aufteilung des deutschen Kolonialbesitzes, was ihnen bis Ende 1915 auch weitgehend gelang. Lediglich in Deutsch-Ostafrika (heute Tansania) konnten deutsche Schutztruppen unter Paul von Lettow-Vorbeck noch bis 1918 der britischen Armee Widerstand leisten.

Jenseits des Atlantiks setzte sich US-Präsident Woodrow Wilson für einen Frieden ohne Annexionen ein, wie auch – nota bene aus einer Position eklatanter Schwäche – ab 1917 der Anführer der bolschewistischen Revolution Wladimir I. Lenin. Wilson war es dann später, der 1919 Frankreich davon abbrachte, seine Forderung nach Anschluss der linken Rheingebiete durchzusetzen.

Der Russeneinfall in Ostpreußen 1914. Bahnhof Lyck

Feldzüge im Osten

Während sich im Westen die Truppen ab September 1914 eingruben und die Front im Stellungskrieg erstarrte, entwickelte sich an der Ostfront ein anderer Krieg. Die geographischen Bedingungen sowie strategische Gründe ermöglichten hier einen Bewegungskrieg mit weiträumigen Operationen. Die vom Baltikum zum Schwarzen Meer verlaufende Frontlinie war zwei Mal so lang wie die in Frankreich und erstreckte sich zu einem großen Teil durch Wald- bzw. Sumpfgebiete, die für Schanzarbeiten wenig geeignet waren. Zudem waren Truppen und Waffen weit weniger massiert als an der Westfront, so dass ein Durchbruch durch die feindlichen Linien sehr viel leichter war.

Die im August 1914 nach Ostpreußen eingedrungene russische Armee wurde von den Deutschen nach wenigen Wochen wieder zurückgeschlagen. Hingegen bereiteten die Russen den österreich-ungarischen Truppen bei Lemberg zwei schwere Niederlagen und konnten weite Teile Galiziens und der Bukowina besetzen. Im Frühjahr 1915 wendete sich allerdings auch dort das Blatt. Deutsche Truppen wurden zur Verstärkung nach Osten verlegt und brachten Anfang Mai zusammen mit k.u.k.-Verbänden den Russen bei Gorlice-Tarnow in Galizien eine schwere Niederlage bei. Die Mittelmächte durchbrachen die russischen Frontstellungen und stießen in den folgenden Wochen weit nach Norden und Osten vor. Anfang August 1915 wurde Warschau erobert, anschließend Brest-Litowsk und Wilna in Litauen. In diesen bisher zu Russland gehörenden Gebieten errichteten Deutschland und Österreich-Ungarn zwei Generalgouvernements zur effektiven Ausübung ihrer Besatzungsherrschaft.

Die Kämpfe an der Ostfront waren überaus hart und verlustreich. Allein im Mai 1915 gab es auf russischer Seite 150 000 Gefallene und 680 000 Verwundete. Mehr als 900 000 russische Soldaten und Offiziere gerieten in Kriegsgefangenschaft. Das große Reservoir an Rekruten ermöglichte es dem Zarenreich jedoch, seine Truppen immer wieder aufzufüllen und den Kampf erneut aufzunehmen. Trotz mangelhafter Ausrüstung gelang es der russischen Armee, den Mittelmächten dabei schmerzhafte Schläge zu versetzen. Im Jahr 1915 hatte die österreich-ungarische Armee Verluste von 1,33 Millionen Mann (Gefallene und Verwundete). Etwa 770 000 k.u.k.-Soldaten traten den Marsch in die Gefangenschaft an.

Eine Tragödie ungeheuren Ausmaßes erlebten auch die Massen verzweifelter Flüchtlinge, die zu Hunderttausenden durch die umkämpften Landstriche im Osten und durch die Besatzungsgebiete zogen, meist nur mit dem Allernötigsten versehen und auf der Suche nach sicheren Zufluchtsorten. Verschlimmert wurde ihre Lage noch durch die von beiden Seiten häufig angewandte Strategie der »verbrannten Erde«. Sie führte dazu, dass ganze Landstriche im Osten vom Krieg bald kaum weniger gezeichnet waren als die Kampfzonen an der Westfront, die sich im Granathagel immer mehr in Mondlandschaften verwandelten.[33]

Bilder vom Feind: Kriegsgefangene

Zu den wichtigsten Kennzeichen des Ersten Weltkriegs gehörte, dass von allen Kriegsparteien Massenheere in den Kampf geschickt wurden. Entsprechend groß war dann auch die Zahl der Gefangenen – zu schweigen von den Millionen Toten und Verwundeten. Während des gesamten Kriegsverlaufs gerieten schätzungsweise acht Millionen Soldaten in Kriegsgefangenschaft. Diese Heerscharen von Gefangenen – die untergebracht, ernährt und medizinisch versorgt werden mussten – überforderten in der ersten Phase fast alle Krieg führenden Staaten. Zwar forderte die Haager Landkriegsordnung von 1907 eine humane Behandlung der Gefangenen, doch fehlte es zunächst fast überall an entsprechenden Voraussetzungen. In Deutschland, wo bis Ende 1915 rund 100 Mannschaftslager errichtet wurden, verbesserte sich die Lage der Kriegsgefangenen relativ rasch. Hingegen waren deutsche und österreich-ungarische Kriegsgefangene in Russland aufgrund mangelhafter Unterbringung und Ernährung oft sehr harten Bedingungen ausgesetzt. Übrigens versäumte es die Propaganda in keinem Staat, die Behandlung der eigenen Kriegsgefangenen durch den Gegner anzuprangern.

Tatsächlich war der Lageralltag vieler Kriegsgefangener durch karge Ernährung, Krankheiten, Langeweile und Ängste gekennzeichnet. Auf der anderen Seite gab es aber auch zahlreiche Versuche – von den Lagerleitungen mehr oder minder unterstützt –, das Leben in der Gefangenschaft etwa durch kulturelle Aktivitäten wie Theater, Kunsthandwerk oder Vorträge erträglicher zu machen.

Im Durchschnitt hatten es diejenigen Kriegsgefangenen zumeist besser getroffen, die von den Mittelmächten oder Frankreich und England interniert wurden, während die annähernd zwei Millionen Gefangenen in Russland nicht zuletzt aufgrund des »sibirischen Winters« unter härteren Bedingungen überleben mussten.

Ein nicht geringer Teil der Kriegsgefangenen begab sich übrigens mehr oder weniger freiwillig in die Hand des Gegners. Insbesondere in der k.u.k.-Armee kam es mit zunehmender Dauer des Krieges immer häufiger vor, dass sich ganze Regimenter – vornehmlich Tschechen – lieber den Russen ergaben, als weiter für die Habsburger ihre Haut zu Markte zu tragen. Die Loyalität vieler nationalgesinnter Slawen gegenüber der Donaumonarchie war nämlich weit geringer, als es sich Kaiser Franz Joseph I. wünschen mochte und die offiziellen Verlautbarungen zu Beginn des Krieges verbreiteten. In Russland wurde aus Kriegsgefangenen sogar eine eigene »Tschechische Legion« aufgestellt, die zunächst auf Seiten der zaristischen Armee gegen die Mittelmächte, nach Kriegsende im russischen Bürgerkrieg gegen die Bolschewiki kämpfte.

Das Phänomen dieses quasi »selbstbestimmten Kriegsendes« war im Osten ungleich stärker verbreitet als an der Westfront, u.a. weil dort ein starrer, stets überschaubarer Frontverlauf eine bessere Kontrolle über die Mannschaften erlaubte.

Kriegsgefangene erfreuten sich als exotisches Bildmotiv großer Beliebtheit. Häufig sollte dabei die deutsche »Überlegenheit« verdeutlicht werden. Hier afrikanische »Turkos« aus der französischen Armee.

Russische Typen.

Osten, d. 7.8.16.
Liebe Martha!
Der Russe kommt mit dem Auftrag, Dir und der kleinen Thekla die besten Grüße zu überbringen. Er läßt Dir zugleich sagen, daß Dein Männchen nichts mehr zu rauchen hat. Schick ihm doch bitte den Rest von den Garbaty!
Leb wohl!
Dein Gatte.

Ldst. Ludwig Schlieper, I.R. 2/336

Feldpostkarte
Postkarte

Frau M. Schlieper
Berlin, N. 58
Am Falkplatz 3

Russische Typen.

Ostfront, d. 18.8.16.
Liebe Martha!
Meine Russen werden nicht alle, wie Du siehst, erscheint heute wieder einer bei Dir, um Dir meine Grüße zu übermitteln. Er sieht schon etwas besser aus als die andern. Du läßt sie doch nicht frei herumlaufen, sondern bringst sie doch in Dein Gefangenenlager (Moabit). – Leb wohl. Dein Gatte

Ldst. Ludwig Schlieper, 84. Div., I.R. 2/336

Feldpostkarte
Postkarte

Frau Martha Schlieper
Berlin, N. 58.
Am Falkplatz 3

Diese Karten aus einer Serie übersandte ein Soldat sorgfältig durchnummeriert an seine Ehefrau, nicht ohne die Abbildungen neckisch bis abschätzig zu kommentieren.
»Liebe Martha! Meine Russen werden nicht alle. Wie Du siehst, erscheint heute wieder einer bei Dir, um Dir meine Grüße zu übermitteln. Er sieht schon etwas besser aus, als die anderen. Du läßt sie doch nicht frei herumlaufen sondern bringst sie doch in Dein Gefangenenlager (Album). Leb wohl – Dein Gatte.«

Der freundliche Umgang deutscher und österreich-ungarischer Truppen mit der Bevölkerung in Galizien sollte mit derartigen Motiven (rechte Seite oben, um 1915) demonstriert werden. Die Realität sah meist anders aus. Im September 1915 schrieb der Artillerist Reinhold Maier von der Ostfront:

»Die Bevölkerung ist hier aus Russen und Polen gemischt. Die echten Russen haben meistens die Flucht ergriffen, so dass man hier auch nur polnische Bevölkerung zu Gesicht bekommt. Die Leute haben wahrhaftig nichts zu lachen. In dem Landstrich, wo sich gerade der Krieg niederlässt, wächst nicht so bald wieder Gras, d. h. diese Gegenden sind schwer mitgenommen. Es bleibt uns gar nichts anderes übrig, als aus den Dörfern zu nehmen, was da ist: Pferde, Kühe, Schafe, Hühner, Hafer usw.«

Die internationale Kriegsgefangenen-Karte (rechte Seite unten) wurde den kriegführenden Mächten vom Internationalen Roten Kreuz zur Verfügung gestellt.

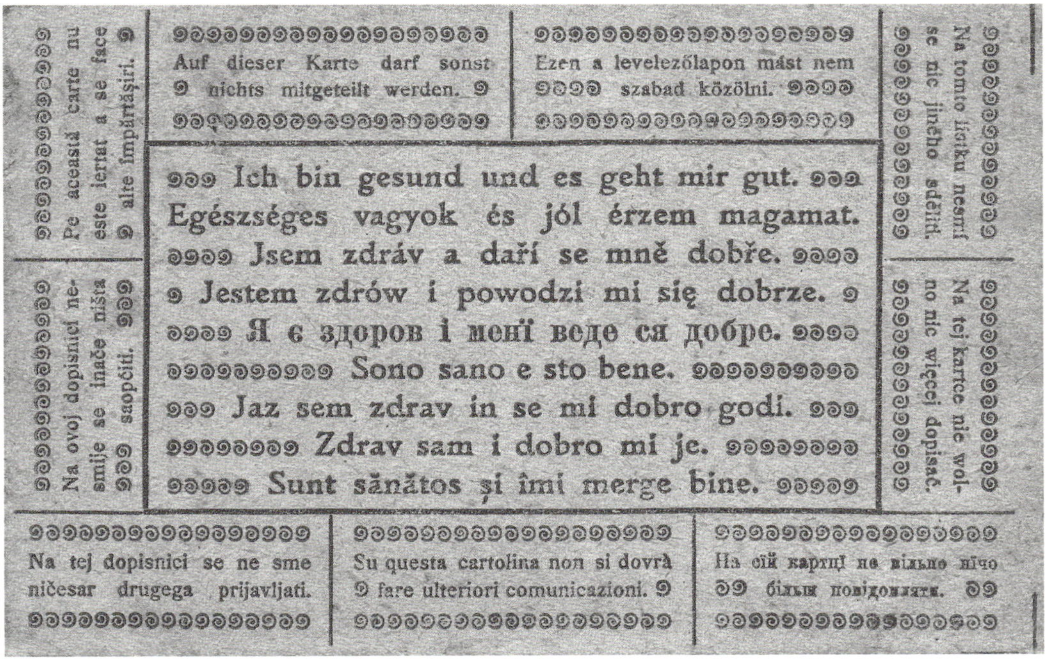

Pe această carte nu este iertat a se face alte împărtăşiri.

Auf dieser Karte darf sonst nichts mitgeteilt werden.

Ezen a levelezőlapon mást nem szabad közölni.

Na tomto lístku nesmí se nic jiného sdělit.

Ich bin gesund und es geht mir gut.
Egészséges vagyok és jól érzem magamat.
Jsem zdráv a daří se mně dobře.
Jestem zdrów i powodzi mi się dobrze.
Я є здоров і менї веде ся добре.
Sono sano e sto bene.
Jaz sem zdrav in se mi dobro godi.
Zdrav sam i dobro mi je.
Sunt sănătos și îmi merge bine.

Na ovoj dopisnici ne-smije se inače ništa saopćiti.

Na tej kartce nie wolno nic więcej dopisać.

Na tej dopisnici se ne sme ničesar drugega prijavljati.

Su questa cartolina non si dovrà fare ulteriori comunicazioni.

На сїй картцї не вільно нічо більш повідомляти.

Weit häufiger als respektvolle Darstellungen waren abfällige Schilderungen der Lebensweise im »Osten«. Das abgebildete Motiv wurde auf zahlreichen Postkarten variiert.

Der industrialisierte Krieg

»Hier spricht das Material seine eisenharte Sprache. ... Wir schreiben heute Geschichte aus Stahl und wir kämpfen um die Macht in Schlachten, bei denen das Geschehen mit der Präzision von Maschinen ineinandergreift.« So beschrieb der Frontoffizier Ernst Jünger im Rückblick das Kriegsgeschehen an der Westfront. An anderer Stelle spricht er bündig von der »Schlacht als fabrikmäßigem Geschehen«.[34] Wie viele Zyniker war Ernst Jünger ein guter Beobachter. Der Weltkrieg 1914 bis 1918 war der erste industrialisierte Krieg der Geschichte. Die Begriffe »Materialschlacht« und »Menschenmaterial« bringen diese neue Dimension des Krieges in drastischer Weise zum Ausdruck. Der amerikanische Bürgerkrieg 1861 bis 1865 und der russisch-japanische Krieg von 1904/05 können als »Vorläufer« des industrialisierten Krieges betrachtet werden.[35]

Industrialisierter Krieg – das meint sowohl den massenhaften Einsatz neuartiger Waffen wie Maschinengewehre, Schnellfeuer-Kanonen, Panzer und Giftgas als auch die Mobilisierung aller technischen und wirtschaftlichen Reserven in der Heimat sowie den Einsatz moderner Nachrichtentechnik und nicht zuletzt die möglichst rationelle Organisation der Nachschub- und Transportwege.

Das Maschinengewehr, in den ersten Wochen nur in beschränktem Maße eingesetzt, wurde rasch zur entscheidenden Waffe des Weltkriegs. Seine gewaltige Zerstörungskraft, die es bereits im russisch-japanischen Krieg (1904/05) bewiesen hatte, machte ab Dezember 1914 an der Westfront alle Versuche zunichte, die erstarrten Stellungen im frontalen Sturmangriff der Infanterie zu durchbrechen.

Erfunden hatte es gegen Ende des 19. Jahrhunderts der amerikanische, in England lebende Ingenieur Hiram Maxim. Die deutsche Armee verfügte zunächst nur über das auf einer Schlittenlafette montierte, 67 kg wiegende schwere MG. Erst ab Anfang 1917 kam das 21 kg wiegende leichte MG 08/15 in großer Menge zum Einsatz. Da sich die MG-Läufe wegen der hohen Schussfolge – zwischen 400 und 500 Patronen pro Minute – stark erhitzten, mussten sie mit Wasser gekühlt werden, das in den zylindrischen Kühlmantel eingefüllt wurde.

Das britische MG vom Typ Lewis war dagegen luftgekühlt. Für die MG-Abteilung entfiel also die oft sehr strapaziöse Wasserbeschaffung. Es unterschied sich auch in der Munitionszufuhr, die aus einer fest installierten Trommel erfolgte, und nicht wie beim deutschen MG über einen seitlich angebrachten Patronengurt. In der Endphase des Krieges waren allein in der deutschen Armee rund 100 000 MG im Einsatz.

Im Dezember 1916 schilderte ein deutscher MG-Schütze in einem Feldpostbrief von der Ostfront die Wirkung dieser Waffe. »Gestern haben wir schwere Blutarbeit geleistet, mit 6 M.G. zwei Kosakenangriffe abgewiesen. Wir fassten sie im Nebel hoch zu Roß auf 500 m, als sich die Hölle vor ihnen auftat. Nur wenige sind entkommen. 2 Reiter waren sogar bis auf 50 m an uns herangekommen, ihnen ist förmlich der Körper zersägt worden.«[36]

Wie das Maschinengewehr gehört auch das Trommelfeuer zur Signatur des industriellen Krieges. Stundenlanges, mitunter tagelanges Trommelfeuer, bei dem die Granaten in rasender Folge auf die Stellungen niedergingen, war zweifellos eine der schrecklichsten Erfahrungen der Frontsoldaten. Hunderttausende wurden im Granat-Hagel getötet oder erlitten schwerste Verwundungen. Auch wer dem Trommelfeuer äußerlich unverletzt entging, hatte häufig einen schweren Schock erlitten und hockte mit verstörtem Gesichtsausdruck in der Unterkunft. Für die im Schützengraben traumatisierten Soldaten bürgerte sich bald die Bezeichnung »Kriegszitterer« ein. Ein Infanterist schrieb in einem Feldpostbrief aus Verdun vom Juli 1916: »... ein Trommelfeuer ging auf uns los, dass es einen von einem Loch ins andere

»... Jedenfalls wünschen wir alle, dass der Krieg bald zu Ende geht, denn viel ist doch nicht mehr zu holen. Kohlendampf [sic] an der Tagesordnung«, schrieb Grenadier C. Lehmann im August 1917 an seine Arbeitskollegen bei Siemens & Halske in Berlin.

riss; die Schmerzensrufe und das Gestöhne der Verwundeten, die elend zu Grunde gehen müssen ... Tag und Nacht Granatfeuer – oft dass es in der Sekunde 10–20 Geschosse heranhagelt, uns verschüttete und wieder aufgrub. Unser Leutnant hat geweint wie ein Kind. ... Ihr könnt euch keine Vorstellung von diesem Schrecken machen und niemand, ders nicht mitgemacht.«[37]

Während das Trommelfeuer auf Seiten der Angreifer ungeheure Mengen an Material (Kanonen, Mörser, Munition) erforderte, waren beim so genannten Sperrfeuer – einer anderen »Innovation« des industriellen Krieges – vor allem maschinen- bzw. fabrikmäßige Präzision und Koordination notwendig. Dabei wurde durch die genauestens aufeinander abgestimmte Artillerie ein »Geschoss-Vorhang« über das Gefechtsfeld gelegt, hinter dem die eigene Infanterie vorrücken konnte. Dieser Vorhang oder diese »Feuerwalze« musste im selben Tempo, mit dem die Truppen vorstießen, verlegt werden. In der Praxis haperte es jedoch häufig gerade an der präzisen Abstimmung, was für die Angreifer oft verheerende Folgen hatte. Wegen mangelhaften Feuerschutzes waren sie dem feindlichen MG-Feuer ausgeliefert oder wurden sogar von der eigenen Artillerie getroffen. Erst Ende 1917 war ein Grad an Präzision erreicht, der es der Artillerie ermöglichte, das Sperrfeuer relativ exakt den Bewegungen der vorrückenden Einheiten anzupassen.[38] Übrigens trägt heutzutage fast jeder Erwachsene eine Reminiszenz an den Ersten Weltkrieg am Handgelenk. Da es beim Sperrfeuer auf die sekundengenaue Abstimmung von Artillerie und Granatwerfern mit der Infanterie ankam, wurde die umständlich zu handhabende Taschenuhr der Offiziere durch Armbanduhren ersetzt. Im Stellungskrieg gab die nunmehr am Arm getragene »Uhr des Offiziers« den Takt der Zerstörung vor.[39]

Schnelle und präzise Nachrichtenübermittlung war im Krieg ebenso entscheidend wie die Fähigkeit, den reibungslosen Nachschub an Mannschaften, Munition, Ausrüstung und Verpflegung sicher zu stellen. Hier lag die zentrale Schnittstelle zwischen Front und »Heimatfront«.

Von der eminenten Bedeutung der Nachrichten-Technik im industrialisierten Krieg gibt die Schilderung des Artillerie-Leutnants Reinhold Maier vom März 1917 einen plastischen Eindruck. »[Wir sind] durch das gewöhnliche Fernsprechnetz mit anderen Truppen, aber außerdem durch ein Netz von Lichtsignalen mit diesen verbunden. Außerdem ist bei unserer Befehlsstelle von den Funkern eine Antenne errichtet, durch die wir beim Versagen der übrigen Nachrichtenmittel auf drahtlosem Weg erreicht werden können. Diese funktelegraphische Station dient speziell dazu, uns mit den Flugzeugen, die über dem Feind unsere Batterie einschießen, in Verbindung zu setzen. Außerdem haben wir Verbindung mit einem 7 km hinter uns liegenden Fesselballon für die sogen. Fernbeobachtung.«[40]

Beim Versuch, die erstarrten Fronten aufzubrechen, griff die deutsche Oberste Heeresleitung bald zu einer neuen, besonders grausigen Waffe: Giftgas. Erstmals setzten deutsche Truppen im April 1915 bei Ypern in Flandern auf rund sechs Kilometer Breite Chlorgas ein, das aus 5700 Stahlflaschen abgelassen wurde. Etwa 3000 Briten wurden getötet, mehr als 6000 erlitten schwere Verletzungen; viele erblindeten. Doch ein nennenswerter Geländegewinn war damit nicht verbunden. Bei späteren Einsätzen wurde das Giftgas meist mit Granaten verschossen. Auch Briten und Franzosen setzten nunmehr Giftgas ein, das bei den Soldaten im Schützengraben als eine besonders heimtückische, unberechenbare Gefahr gefürchtet war. Der Gaskrieg an der Westfront forderte rund 20000 Todesopfer; Tausende Soldaten erlitten schwere Verätzungen oder erblindeten. Weit höher war die Opferzahl an der Ostfront, wo schätzungsweise 70000 Soldaten, überwiegend Russen, durch großflächigen Gaseinsatz qualvoll zu Tode kamen.[41]

Trommelfeuer und Sperrfeuer waren Neuerungen des industrialisierten Krieges. Auch solche 25 Zentner schweren Granaten waren Teil der Materialschlacht und besaßen eine ungeheure Zerstörungskraft.

Die neuen Waffen des industrialisierten Krieges machten auch neue Schutzmaßnahmen notwendig. Es wurden Gasmasken entwickelt, die sogar einen relativ sicheren Schutz boten, sofern sie in ausreichender Stückzahl vorhanden waren und auch unter höchster psychischer Anspannung richtig gehandhabt wurden. Im Vergleich zu französischen oder britischen Modellen hatten deutsche Gasmasken gravierende Nachteile, u.a. weil sie wegen Gummi-Mangels aus weniger passgenauem Leder hergestellt wurden. Zudem beschlugen die Augengläser sehr leicht, wodurch die Orientierung der Soldaten stark beeinträchtigt wurde.

Die deutschen Streitkräfte waren 1914 noch mit der traditionellen Pickelhaube aus Messingblech, Leder und Filz an die Front gezogen. Franzosen und Briten trugen anfangs sogar nur Stoffmützen. Die Schutzwirkung dieser Kopfbedeckungen erwies sich unter den Bedingungen des Stellungskrieges als völlig unzureichend. Der Körper des Soldaten musste »gepanzert« werden. Als erste führte darum die französische Armee im September 1915 einen Stahlhelm mit der Typenbezeichnung »Adrien« ein, der jedoch auf Grund geringer Materialstärke nur eingeschränkten Schutz gewährte. Vorteilhaft war sein relativ geringes Gewicht. Der wenig später von den Briten eingesetzte, sehr flach geformte Helm bestand aus Manganstahl und bot durch eine breitgezogene Krempe besseren Schutz gegen Granatsplitter. Er wurde ab 1917 auch von den US-Truppen getragen.

Bei den deutschen Streitkräften wurden die ersten Stahlhelme im Februar 1916 ausgegeben. Dieses »Modell 16« war aus Chromnickelstahl gefertigt und wog zwischen 1,2 und 1,4 Kilogramm. Über Stirn, Nacken und an den Seiten war es zu besserem Schutz herabgezogen, an der Seite mit zwei durchbohrten Bolzen zur Belüftung versehen. Bis Kriegsende wurden vom Stahlhelm »Modell 16« rund 7,5 Millionen Stück produziert.

Nachdem die »Herstellung von Feuer« durch MG und Trommelfeuer nahezu perfektioniert war, ging es nunmehr um die »Herstellung von Bewegung« (Ernst Jünger).[42] Dies sollte durch eine völlig neue Waffe geschehen, die erstmals im September 1916 von den Briten eingesetzt wurde: Panzer oder »Tank«, so der britische Tarnname. Die stählernen Ungetüme sollten die erstarrten Fronten durchbrechen und auch im Westen die Rückkehr zum Bewegungskrieg ermöglichen, was aber erst Mitte 1918 erreicht wurde. Bis dahin konnten die alliierten Panzerverbände lediglich punktuelle Durchbrüche erzielen, die oftmals von der zurückbleibenden Infanterie nicht gehalten werden konnten. Zudem fielen zahlreiche Tanks während des Gefechts aus technischen Gründen aus. Gleichwohl zeichnete sich bereits im November 1917 in der Schlacht von Cambrai beim Einsatz von 470 britischen Tanks deutlich ab, dass der Panzerwaffe in der künftigen Kriegsplanung eine zentrale strategische Rolle zukommen würde.

Die deutsche Militärführung allerdings verkannte völlig die Bedeutung der neuen Waffe. Den alliierten Panzern gedachten Hindenburg und Ludendorff mit Tankabwehrgewehren und -kanonen, vor allem aber mit Kampfesmut und Entschlossenheit zu begegnen. Bis Kriegsende kamen auf deutscher Seite ganze 20 Panzer aus eigener Produktion (dazu einige Beutetanks) zum Einsatz. Dagegen produzierten die Franzosen bis Ende 1918 rund 3800, die Briten rund 2600 Panzer.

Insbesondere durch massiven Panzereinsatz gelang den Briten in der Schlacht von Amiens am 8. August 1918, dem – laut Ludendorff – »schwarzen Tag des deutschen Heeres«, ein tiefer Einbruch in die deutschen Stellungen. Dieser vorentscheidende, die deutsche Niederlage einleitende Sieg gab zugleich einen Vorgeschmack auf die raumgreifenden Panzervorstöße im Zweiten Weltkrieg.

Eingebautes Maschinengewehr im Schützengraben.

Das Maschinengewehr entwickelte sich – aus Sicht der Militärs – zur effektivsten Waffe des Weltkriegs. Allein auf deutscher Seite waren gegen Ende des Krieges rund 100 000 MG im Einsatz. Die linke Postkarte zeigt Reservisten, die in einem ruhigeren Frontabschnitt an der Waffe geschult werden. Auf der oberen Karte ist der Schlauch für das Kühlwasser gut zu erkennen.

»In der Stellung angekommen legten wir uns todmüde in Granatlöcher – von Schützengräben oder gar Unterständen keine Rede; das Gebiet war ja erst vor zwei Tagen erstürmt, dort lagen wir vier Tage zuerst ganz naß und 1/2 Meter tief im Dreck – ein Trommelfeuer ging auf uns los, dass es einem von einem Loch ins andere riß; die Schmerzensrufe und das Gestöhne der Verwundeten die elend zu Grunde gehen müssen; ... an ein Zurücktragen ist nicht zu denken ...« – Feldpostbrief eines deutschen Infanteristen vom 2. Juli 1916.

Backen des Brotes in fahrbaren Feldbacköfen.

Nach Photographien des Pressedienstes des k. u. k. Kriegsministeriums
Serie 22/3
Nr. 72. Telephonzentrale.

Original-Aufnahme vom Kriegsschauplatz.
Die durch ein einziges 42 cm Geschoss zerstörten Betondecken eines Panzerturmes des Forts Loucin.
Kr. 86.
VERLAG VON GUSTAV LIERSCH & Co BERLIN, S.W.

Granatsplitter.
Weltkrieg 1914-16.

Gegen die Abbildung eines deutschen Artillerie-Beobachtungsstandes auf dieser Postkarte hatte das »Pressbureau des Kriegsministeriums« laut umseitigem Aufdruck nichts einzuwenden.

Gefechte zu Wasser und in der Luft

Als im November 1914 britische Flugzeuge mehrere Zeppelin-Hallen in Köln und Düsseldorf bombardierten, hatte der Krieg eine neue Dimension erreicht. An der Front wurde auch in der Luft um jeden Geländegewinn gekämpft und Bombenflugzeuge trugen den Krieg nun sogar ins Hinterland. Erste Bomben waren Mitte August 1914 auf Paris gefallen. Welche Bedeutung das Flugzeug im Verlauf des Krieges gewann, lässt sich an einigen Zahlen ablesen. Bei Ausbruch des Krieges verfügte Deutschland über 232 Flugzeuge; Ende 1918 waren es rund 5000. Die deutsche Luftwaffe hatte schließlich eine Personalstärke von 6100 Offizieren sowie 55000 Unteroffizieren und Mannschaftsdienstgraden.[43]

Frankreich besaß 1914 die mit Abstand größte und kampfstärkste Luftwaffe, die bereits im Dezember 1914 Freiburg, im Januar/Februar 1915 die BASF-Werke in Ludwigshafen und Karlsruhe bombardierte.

Die deutsche Militärführung verkannte zunächst – wie auch im Falle der »Tanks« – die strategische Bedeutung des Flugzeugs und setzte stattdessen auf den Zeppelin. So waren es deutsche Zeppeline, die Anfang 1915 London bombardierten und an der Front zur Feindaufklärung eingesetzt wurden. Wegen ihrer Größe und geringen Geschwindigkeit waren die Zeppeline jedoch ein relativ leichtes Ziel für gegnerisches Abwehrfeuer. Bis Kriegsende verlor allein die deutsche Marine von ihren 78 Zeppelinen insgesamt 62. Zwar unternahm auch Deutschland ab 1915 gewaltige Anstrengungen zum Aufbau einer schlagkräftigen Luftwaffe, schaffte es insgesamt aber nicht, den technischen und strategischen Vorsprung der Alliierten einzuholen.

An der Front wurden Flugzeuge taktisch vornehmlich zur Aufklärung feindlicher Stellungen, zur direkten Bekämpfung von Truppenansammlungen sowie zur Unterstützung der eigenen Verbände eingesetzt. Hinzu kam die Abwehr gegnerischer Flugzeuge im offenen Luftkampf. Die daran beteiligten Jagdflieger eigneten sich im übrigen hervorragend zur propagandistischen Stilisierung. So wurde der deutschen Bevölkerung mit einer Gestalt wie dem »Roten Baron« Manfred von Richthofen – mit 80 Abschüssen erfolgreichster deutscher Jagdflieger des Weltkriegs – das Bild eines draufgängerischen, auf sich gestellten »Flieger-Heroen« vorgeführt, der den ritterlichen Kampf »Mann gegen Mann« verkörperte. Doch dieses Propaganda-Bild entsprach bei den Jagdfliegern meist ebenso wenig der Kriegsrealität wie in den Schützengräben.

Im strategischen Einsatz sollten speziell entwickelte Bombenflugzeuge insbesondere Hafenanlagen und Rüstungsfabriken zerstören sowie nicht zuletzt die Moral der Zivilbevölkerung untergraben. Deutsche Zeppeline und Flugzeuge warfen bis 1918 allein auf England 300 Tonnen Bomben, durch die rund 1400 Zivilisten getötet und etwa 5000 verletzt wurden. Das britische Royal Flying Corps warf rund 660 Tonnen Bomben auf deutsche Ziele.

Über Erfolg und Misserfolg entschieden auch im Luftkrieg die wirtschaftlichen, wissenschaftlich-technischen und organisatorischen Ressourcen der Krieg führenden Staaten. Nicht zuletzt die rasante Entwicklung der Luftwaffe rechtfertigt mithin die Rede vom »industrialisierten Krieg«.

Wiewohl die französische und die britische Luftwaffe ihre Überlegenheit während des gesamten Kriegsverlaufs weitgehend behaupten konnten, gelangen den Deutschen doch einige technische Durchbrüche. So entwickelte Hugo Junkers das erste Ganzmetall-Jagdflugzeug der Welt, dessen Prototyp 1917 erstmals flog. Die Junkers D-1 erreichte bei einer Höchstgeschwindigkeit von 220 km/h eine maximale Steighöhe von 6700 Metern. Bis dahin bestanden Flugzeuge aus stoffbespannten Rohr- oder Drahtgestellen oder Sperrholz-Konstruktionen. Von dem D-1-Modell wurden bis Kriegsende jedoch nur 47 Stück produziert. 1915 löste der

Die Zeppeline der deutschen Luftflotte erfüllten vor allem Aufklärungsaufgaben entlang des westlichen Frontverlaufs und über der Nordsee, flogen aber auch Bomben-Angriffe auf englische Küstenstädte und auf London.

holländische, für das deutsche Militär arbeitende Ingenieur Antony Fokker das Problem, mit Bordwaffen in Flugrichtung zu schießen. Dazu musste die Schussfolge des MG mit der Propeller-Rotation synchronisiert werden. Diese Entwicklung sicherte den deutschen Jagdstaffeln an der Westfront sogar vorrübergehend die Luftüberlegenheit.

Die exorbitante Flottenrüstung des Deutschen Reiches vor 1914, insbesondere der Schlachtflotten-Bau, hatte wesentlichen Anteil an der Verschlechterung des deutsch-britischen Verhältnisses. Vor allem mit dem rasanten Ausbau seiner Kriegsflotte gedachte das wilhelminische Deutschland, seine imperialen Ambitionen zu verfolgen, wenn es sein musste auch in einem »großen Krieg«. Es mutet daher wie ein Treppenwitz der Geschichte an, dass im Ersten Weltkrieg die Rolle der Kriegsflotte weit geringer ausfiel als von den deutschen Seekriegs-Strategen vom Schlage eines Admiral Tirpitz erwartet. Bei allen Kriegsparteien bestand ein eklatanter Widerspruch zwischen der waffentechnisch hochmodernen Kriegsflotte und den antiquierten strategischen Konzepten.

Es gab indes zwei Ausnahmen: erstens die von Großbritannien unmittelbar nach Kriegsausbruch errichtete Seeblockade gegen deutsche Häfen.

Sie war so wirkungsvoll, dass bei den Mittelmächten sehr bald akuter Mangel an Rohstoffen und Lebensmitteln eintrat, wodurch die Rüstungsproduktion wie auch die Ernährung der Bevölkerung schwer beeinträchtigt wurden. Die zweite Ausnahme bildete der deutsche U-Boot-Krieg gegen alliierte Kriegs- und auch Handelsschiffe, der Frankreich und vor allem Großbritannien empfindliche Verluste beibrachte.

Bereits im Dezember 1914 erlitt die deutsche Kriegsmarine bei den Falkland-Inseln im Südatlantik gegen die überlegene britische Grand Fleet eine schwere Niederlage. Die größte Seeschlacht des Weltkriegs fand am 31. Mai 1916 im Skagerrak nordwestlich von Dänemark statt. Dabei lagen den 99 deutschen Schiffen (darunter 16 Schlachtschiffe, sechs Linienschiffe, elf Kleine Kreuzer) auf Seiten der Briten 150 Schiffe (darunter 28 Schlachtschiffe, acht Panzerkreuzer und 26 Kleine Kreuzer) gegenüber.

Aber auch dieses Seegefecht – das größte in der modernen Geschichte – wurde nicht die entscheidende Schlacht, um die das strategische Denken der Marineführungen nach wie vor kreiste. In der rund 48-stündigen, in mehreren Phasen ablaufenden Schlacht verloren die Engländer u.a. drei Schlachtschiffe, drei Panzerkreuzer und acht Torpedoboote, während auf deutscher Seite u.a. ein Schlachtschiff, ein Linienschiff und vier Kleine Kreuzer versenkt wurden. Die Zahl der Verluste (Tote und Gefangene) betrug bei den Deutschen etwas über 3000 Mann, bei den Briten rund 6700 Mann. Die trotz höherer Verluste ungebrochene Dominanz der britischen Flotte zeigte sich nicht zuletzt darin, dass sie bereits nach wenigen Stunden wieder gefechtsbereit war, während die deutsche Hochseeflotte dafür mehrere Wochen benötigte. Zudem konnten die Briten ihre Seeblockade aufrecht erhalten. Trotzdem wurde die Skagerrak-Schlacht von der deutschen Propaganda als großer Erfolg gefeiert. Im weiteren Verlauf des Kriegs blieb die deutsche Hochseeflotte weitgehend untätig im Hafen liegen. Die althergebrachte Schlachtflotten-Strategie war gescheitert.[44]

Die deutsche Marineführung richtete ihre Aufmerksamkeit nach dieser Schlacht auf eine neuartige Waffe, die noch bei Kriegsbeginn kaum beachtet worden war: das U-Boot. Seine Zerstörungskraft hatte es bereits Ende September 1914 durch die Versenkung von drei englischen Panzerkreuzern spektakulär unter Beweis gestellt. Es erschien nun auch den Skeptikern in der Marineführung als geeignete Waffe, um die Handels- und Nachschubwege der Alliierten durch Torpedoangriffe, das Aufbringen und Versenken von Handelsschiffen und Verlegen von Minensperren empfindlich zu stören. Tatsächlich versenkten deutsche U-Boote bis ins Frühjahr 1915 mehrere Tausend Bruttoregistertonnen (BRT) an Kriegs- und Handelsschiffen. Doch dann brachte ein schwerer Zwischenfall die deutsche U-Boot-Strategie ins Stocken. Am 7. Mai 1915 torpedierte ein deutsches U-Boot ohne Vorwarnung den britischen Passagierdampfer »Lusitania«. Da unter den mehr als 1100 Toten auch 128 US-amerikanische Staatsbürger waren, protestierte die Washingtoner Regierung in aller Schärfe gegen den deutschen U-Boot-Krieg.[45] Kaiser Wilhelm II. verfügte daraufhin die Einstellung aller Angriffe auf Passagierschiffe, im September 1915 faktisch die Aufhebung der U-Boot-Blockade gegen Großbritannien. Allerdings ließen die Scharfmacher um Hindenburg und Ludendorff nicht locker und gewannen ab Mitte 1916 angesichts ausbleibender Erfolge an der Westfront wieder die Oberhand. Bedenken von Kanzler Bethmann Hollweg wurden im Januar 1917 beiseite gewischt. Mit Billigung des Kaisers befahl die Oberste Heeresleitung am 1. Februar 1917 die Wiederaufnahme des uneingeschränkten U-Boot-Krieges. Zwar entsprach die Wirkung der 115 im Atlantik und Mittelmeer operierenden deutschen U-Boote der Hochseeflotte zunächst den Versprechungen der Seekriegsleitung. Im ersten Quartal 1917 wurden im Monatsdurchschnitt rund 700000 BRT versenkt, wodurch die Versorgung Großbritanniens tatsächlich gefährdet schien. Doch nur zu bald erwiesen sich die deutschen Erwartungen als illusionär, da sie weder die Schiffbaukapazitäten der Alliierten, noch ihre landwirtschaftlichen Reserven und die Effizienz bei der U-Boot-Abwehr (Konvoi-Fahrten, Horchgeräte, Wasserbomben) berücksichtigt hatten. Ende 1917 waren die Versenkungsziffern kaum höher als vor dem uneingeschränkten U-Boot-Krieg.

Umso gravierender waren die politischen Folgen. Es dauerte kaum zwei Monate, bis die völkerrechtswidrige Entscheidung für den uneingeschränkten U-Boot-Krieg die Vereinigten Staaten zum Kriegseintritt bewog. Nach der Kriegserklärung an Deutschland vom 6. April 1917 schickten die USA insgesamt mehr als 4,5 Millionen Mann auf den westlichen Kriegsschauplatz. Doch für den Kriegsausgang entscheidender als die frischen Regimenter waren die gewaltigen industriellen Kapazitäten der USA, die den Alliierten einen nahezu unerschöpflichen Strom an Waffen, Ausrüstung und Lebensmitteln sicherten.[46]

Die deutsche Hochseeflotte spielte – von der U-Boot-Waffe abgesehen – keine entscheidende Rolle für den Kriegsverlauf. Anders als von derartigen Propaganda-Karten suggeriert, blieb sie weitgehend untätig im Hafen liegen.

Materialschlacht und »Blutmühle«

Der Name »Verdun« wurde zum Sinnbild für die menschenmordenden Materialschlachten des Ersten Weltkriegs. In der über mehrere Monate sich hinziehenden Schlacht des Jahres 1916 gingen etwa 130000 französische und 120000 deutsche Soldaten zu Grunde. Buchstäblich jeder Quadratmeter Boden wurde von Tausenden Granaten umgepflügt, jedes Leben ausgetilgt, ein ganzer Landstrich in eine Mondlandschaft verwandelt.

Der Angriff auf die westfranzösische Festung Verdun entsprang einem Plan des deutschen Generalstabschefs Erich von Falkenhayn, der dadurch die erstarrte Westfront wieder in Bewegung bringen wollte. Zugleich sollte die französische Armee durch eine verlustreiche »Abnutzungsschlacht« entscheidend geschwächt werden. Falkenhayn spekulierte darauf, dass die Franzosen die Festung Verdun aus strategischen Gründen sowie wegen ihres patriotischen Symbolwerts um keinen Preis aufgeben würden. Ihre Verluste bei der Verteidigung müssten sie durch immer neue Kräfte ergänzen, so dass die französische Armee binnen kurzem regelrecht »ausbluten« würde. Auch die Deutschen würden in dieser »Blutmühle« selbstverständlich enorme Verluste erleiden, doch kalkulierte Falkenhayn, dass die französischen Verluste die eigenen deutlich übersteigen würden.

»HALTE - LA!« (»Stehenbleiben!«) – Mit allen Mitteln versuchten die Franzosen, dem deutschen Angriff auf Verdun Einhalt zu gebieten. In der »Blutmühle Verdun« fanden 250 000 deutsche und französische Soldaten den Tod.

Der deutsche Angriff begann am 21. Februar 1916 mit einem mehrstündigen Trommelfeuer aus 1 300 Geschützen. Dabei wurden auch Gasgranaten verschossen. Nach vier Tagen gelang den Deutschen unter hohen Verlusten die Eroberung des Fort Douaumont. Wie von der deutschen Militärführung erwartet – und beabsichtigt – führten die Franzosen nun in fast ununterbrochener Folge gewaltige Mengen an Nachschub heran. Auf der einzigen noch freien Verbindungsstraße transportierten Tausende von LKW, darunter auch viele Privatfahrzeuge, in einer nicht abreißenden Kette Truppen, Munition und Verpflegung. Der französische General Philippe Pétain hatte verfügt, dass die Soldaten jeweils nur relativ kurz in Verdun eingesetzt waren, bis sie von frischen Einheiten ersetzt wurden. Bis zum endgültigen Ende der Schlacht im November 1916 kamen rund zwei Drittel der französischen Streitkräfte bei Verdun zum Einsatz.

Doch Falkenhayns Rechnung ging nicht auf. Denn keineswegs erlahmte die Kampfkraft der von Pétain kommandierten französischen Truppen, vielmehr brachten sie den deutschen Angreifern durch massiven Artillerieeinsatz ihrerseits schwere Verluste bei. Wochenlang wogte die Schlacht hin und her, ohne dass eine Seite die Oberhand gewinnen konnte. Die Zahl der Toten und Verwundeten wuchs ins Ungemessene. Den Deutschen gelan-

Kronprinz Wilhelm (Mitte) posiert für die Fotografen. Die Frontbesichtigung vor Verdun scheint aus der Perspektive der Kommandierenden eher einem Jagdausflug zu gleichen.

gen zwar einige Geländegewinne, für die sie aber einen ungeheuren Blutzoll entrichteten.

Anfang Juli 1916 entschloss sich Falkenhayn zum Abbruch der Offensive bei Verdun. Angesichts der ungebrochenen Verteidigungskraft der Franzosen und der eigenen unerwartet hohen Verluste sah selbst der alles andere als zart besaitete Falkenhayn keinen Sinn mehr in einer Fortsetzung dieses Kampfes.[47]

Es gab noch einen anderen Grund für den Abbruch der Schlacht um Verdun: Ende Juni 1916 hatten die Briten nämlich einen Entlastungsangriff an der Somme gestartet, 150 Kilometer nordwestlich von Verdun. Auf einen 20 Kilometer breiten Frontabschnitt ging zunächst tagelanges Trommelfeuer aus 1 400 Geschützen nieder, das die deutschen Stellungen sturmreif schießen sollte. Der eigentliche Angriff begann am 1. Juli. Exakt um 7.30 Uhr sprangen auf ein synchronisiertes Pfeifsignal der Offiziere Tausende britische Soldaten aus ihren Gräben und stürmten auf die deutschen Linien los.

Der Angriff wurde ein blutiges Desaster. Allein am ersten Tag verzeichneten die Briten 19 200 Gefallene und über 35 400 Verwundete, der höchste Tagesverlust in der britischen Militärgeschichte. Der Geländegewinn betrug auf einer Länge von 6 Kilometer ganze 1,5 Kilometer in der Tiefe. General Henry Rawlinson war dem – für Tausende Soldaten tödlichen – Irrtum erlegen, dass die deutschen Truppen nach dem Trommelfeuer zu keiner Gegenwehr mehr fähig sein würden. Tatsächlich hatten die Deutschen jedoch die monatelange relative Ruhe an diesem Frontabschnitt zum Ausbau ihrer Unterstände genutzt, so dass die tief eingegrabenen Soldaten den Granathagel überstehen konnten. Mit ihren MG richteten sie unter den in mehreren Wellen angreifenden Briten ein Blutbad an.

Trotzdem dachten die britischen Befehlshaber nicht an einen Abbruch der Operation. Immer neue Angriffswellen schickten sie gegen die deutschen Stellungen; dabei fanden bis Ende Juli 1916 noch einmal rund 90 000 britische Soldaten den Tod. In den folgenden Wochen gaben die Briten die Hoffnung auf einen schnellen Durchbruch endlich auf und setzten stattdessen auf den »Abnutzungskampf«, um den entscheidenden Vorstoß vorzubereiten.

Dieser sollte Mitte September 1916 erfolgen. Dabei kam erstmals auch jene neue Waffe zum Einsatz, von der sich die Alliierten nach zwei Jahren Stellungskrieg den Durchbruch durch die feindlichen Linien versprachen: der Tank. Am 15. September rollten 32 Tanks auf die deutschen Stellungen zu, wo sie durch ihr bloßes Erscheinungsbild Angst und Schrecken hervorriefen. Ihre tatsächliche Kampfkraft hielt sich allerdings in Grenzen, allein schon deshalb, weil innerhalb kurzer Zeit 14 Panzer wegen technischer Defekte ausfielen. Die anderen bewegten sich mit rund 4 km/h sehr schwerfällig durchs Gelände und verfügten über einen nur geringen Aktionsradius. Dennoch werteten die Briten den ersten Tank-Einsatz als Erfolg. Ihre Truppen waren 2,5 km vorgedrungen, fast doppelt so weit wie am ersten Tag der Somme-Schlacht und das mit etwa der Hälfte der Verluste. Allerdings konnte der angestrebte Durchbruch auch mit Hilfe der Tanks nicht erzielt werden.

Auch weitere Angriffswellen führten in den folgenden Wochen nicht zum Erfolg, so dass Briten und Franzosen am 25. November 1916 die Kämpfe an der Somme einstellten. In fast fünf Monaten hatte das britische Expeditionskorps einen rund 10 km breiten und 35 km langen Streifen von den Deutschen zurückerobert – zu einem entsetzlich hohen Preis. Die Briten hatten während der Somme-Schlacht 419 600 Tote und Verwundete zu beklagen; die Franzosen 204 300. Die Verluste der Deutschen betrugen insgesamt rund 500 000 Tote und Verwundete.[48]

Während an der Westfront die Materialschlachten von Verdun und an der Somme tobten, geriet Österreich-Ungarn, Deutschlands wichtigster Verbündeter, im Sommer 1916 auf dem östlichen Kriegsschauplatz stark in Bedrängnis. Die russische Armee unter General Alexej A. Brussilow unternahm Anfang Juni nicht zuletzt auf dringendes Ersuchen Frankreichs südöstlich von Lemberg eine groß angelegte Offensive. Statt einer konzentrierten Attacke gegen begrenzte Frontabschnitte entschied sich Brussilow für einen Angriff auf breiter Front – und hatte damit großen Erfolg. Es gelang den russischen Truppen innerhalb weniger Tage, bis zu 160 Kilometer nach Westgalizien vorzudringen. Zwei östereich-ungarische Armeekorps wurden vernichtend geschlagen. Insgesamt verlor die k.u.k.-Armee bis zu 750 000 Mann, rund die Hälfte davon durch Gefangennahme. Als die österreich-ungarische Verteidigungslinie völlig zusammenzubrechen drohte, schickte die deutsche Oberste Heeresleitung 200 000 Mann, fast ihre gesamte strategische Reserve, zur Unterstützung nach Osten. Auch weil die vorrückenden Russen inzwischen mit Nachschub- und Koordinationsproblemen zu kämpfen hatten, gelang es deutschen und k.u.k.-Truppen bis August 1916, die Front zu stabilisieren.

Für die Soldaten war der Krieg in den staubigen Weiten Galiziens und Wolhyniens nicht weniger grauenvoll als in den Schützengräben an der Westfront. Während sie dort in ständiger Todesangst in feuchten Unterständen vegetierten, zusätzlich gequält von Ratten und Läusen, litten ihre Kameraden an der Ostfront unter Versorgungsmängeln und auszehrenden Märschen. Verschlimmert wurde alles noch durch häufige Schikanen inkompetenter und korrupter Offiziere, so dass die Kampfmoral kontinuierlich sank. Nicht wenige – vor allem tschechische Untertanen der Habsburger – zogen es denn auch vor zu desertieren.[49]

26. La Grande Guerre 1914 – Bataille de l'Aisne - Dans la Tranchée – Battle of the Aisne
« Phot-Express »

Trichterstellung.

Mittagessen im Schützengraben.

Theorie und Realität des Grabenkrieges (vorhergehende Seite). Im Westen war die Front Ende 1914 erstarrt. Die Stellungen wurden unter ständigem Artilleriebeschuss oft zu bloßen Löchern und Kratern.

»Steckrübenwinter« und Kriegsanleihen: die Heimatfront

Nie zuvor war die Heimat und damit die Zivilbevölkerung so stark in das Kriegsgeschehen einbezogen wie im Ersten Weltkrieg.[50] Sieg oder Niederlage hingen vor allem von der Fähigkeit ab, den gewaltigen Bedarf an Waffen, Munition, Ausrüstung und Verpflegung zu decken. Insofern kam der industriellen Kapazität der Krieg führenden Staaten eine entscheidende Bedeutung zu. Städte und Landschaften mutierten binnen Kurzem quasi zu einem zweiten Gefechtsfeld, der »Heimatfront«. Die enge Verzahnung von Front und Heimatfront führte auch dazu, dass der Weltkrieg mehr und mehr den Charakter eines »totalen Krieges« annahm, der sämtliche Bereiche der Gesellschaft erfasste. Die Bombenabwürfe auf London durch deutsche Zeppeline, auf Ludwigshafen, Mainz, Köln und Düsseldorf durch französische und britische Flugzeuge brachten den Krieg sogar ganz direkt in die Heimat. Allerdings blieben das Ausmaß der Angriffe und auch die Zahl der Opfer noch relativ gering.

Gravierender waren die mittelbaren Auswirkungen des Krieges, zumal sie die gesamte Bevölkerung trafen – wobei es durchaus Abstufungen des Leidens je nach Klassen- und Schichtenzugehörigkeit gab.

Immer häufiger trafen von der Front Todesmeldungen in den Familien ein. Trauernde Frauen in Witwenkleidung kündeten in den Straßen vom massenhaften Sterben an der Front. Zu Kriegsbeginn wurden die Gefallenen-Listen in Deutschland noch öffentlich ausgehängt. Als diese aber immer länger wurden und zu düsteren Spekulationen über den Kriegsverlauf Anlass gaben, ging man dazu über, die Hinterbliebenen nur noch direkt zu benachrichtigen. Viele Angehörige mochten es als Trost empfinden, wenn die zumeist formelhaften Mitteilungen davon sprachen, dass der Sohn oder Ehemann einen »schnellen Heldentod« gestorben sei. Schwerer war oft die quälende Ungewissheit zu ertragen, wenn der Mann oder Sohn als vermisst gemeldet wurde.

Zur Trauer um den toten Angehörigen kam die soziale Notlage, in die zahlreiche Familie durch den Verlust ihres Ernährers gerieten, da die schmalen Unterstützungen des Staates zur Sicherung des Lebensunterhalts nicht ausreichten. So erhielt die Witwe eines einfachen Soldaten in Deutschland 33 Reichsmark im Monat, die eines Feldwebels 42 bis 50 RM.[51] Steigende Preise verschlimmerten die Situation. Bei Kriegsende hatten sich in Deutschland die Lebenshaltungskosten nahezu verdreifacht.

Es war also nicht zuletzt die materielle Not, die viele Frauen dazu brachte, sich in Fabriken und Büros eine Arbeit zu suchen. Dabei trafen sie auf einen stark gestiegenen Bedarf an Arbeitskräften, da immer mehr Männer eingezogen wurden. Bald waren Frauen, die in riesigen Fabrikhallen Granaten drehten und befüllten, Stahlhelme formten oder Feldfernsprecher montierten, ein alltäglicher Anblick. Auch Straßenbahn-Schaffnerinnen, Briefträgerinnen oder Schornsteinfegerinnen bestimmten vor allem in den Großstädten mehr und mehr das Straßenbild.

Beispielsweise stieg in der deutschen Metallindustrie die Zahl der Arbeiterinnen zwischen 1914 und September 1916 von 63600 auf 266000, ein Zuwachs um 320 Prozent.[52] In der Berliner chemischen Industrie wuchs die Zahl der dort beschäftigten Frauen zwischen Kriegsbeginn und Oktober 1917 sogar von 1360 auf 11550, ihr Anteil an der Gesamtbelegschaft betrug nunmehr knapp über 50 Prozent.[53] Bei Krupp in Essen, dem größten deutschen Rüstungsunternehmen, stieg die Zahl der Frauen von rund 3000 vor Kriegsausbruch auf rund 28000 im Januar 1918. Aber nicht nur in Deutschland, auch in den anderen europäischen Staaten wuchs der Anteil berufstätiger Frauen, so in Frankreich auf 33 Prozent, in Russland sogar auf 43 Prozent.[54]

Der »Soldat mit dem Stahlhelm« von Fritz Erler war eines der bekanntesten Propaganda-Bilder des Ersten Weltkriegs. Auch auf Postkarten warb er für die Zeichnung von Kriegsanleihen, mit denen Deutschland den Krieg finanzierte. Nach dem Krieg waren die Anleihen wertlos.

Vor allem Frauen aus dem Bürgertum, darunter viele Unverheiratete, meldeten sich als Schwestern für den Dienst in Lazaretten, wo sie angesichts des tausendfachen Leidens der Verwundeten großen körperlichen und seelischen Belastungen ausgesetzt waren.

Gleichwohl sollte der Zuwachs der Frauenarbeit im Krieg ebenso wenig überschätzt werden wie die viel beschworenen Impulse für die Frauenemanzipation. Bereits vor 1914 war in den europäischen Industriestaaten der Anteil berufstätiger Frauen relativ hoch. In Deutschland beispielsweise lag er bei rund 30 Prozent, mit steigender Tendenz. Von 1905 bis 1909 betrug der Zuwachs der Frauenarbeit 22 Prozent, zwischen 1909 und 1913 noch einmal 20 Prozent. Dagegen nimmt sich der Anstieg in den Kriegsjahren von 17 Prozent eher bescheiden aus.[55]

Dennoch bleibt festzustellen, dass vor allem in den für die Rüstung zentralen Branchen – Metall, Chemie, Elektrotechnik u.a. – sowie im Dienstleistungssektor der Anteil der Frauenarbeit im Kriegsverlauf deutlich anstieg. Allerdings erhielten die meisten Frauen im Krieg weder eine solide Ausbildung noch waren Arbeitsbedingungen und geringe Entlohnung dazu angetan, Erwerbsarbeit als attraktive Alternative zu Haushalt und Familie erscheinen zu lassen.[56] Nach Kriegsende sollten darum die meisten Frauen mehr oder minder freiwillig wieder ihre traditionelle Rolle übernehmen, zumal die demobilisierten Männer in ihre angestammten Berufe und gesellschaftlichen Positionen zurückdrängten.

Aber ganz so einfach ging das nicht mehr. Dazu waren Selbstbewusstsein und politische Ansprüche vieler Frauen aufgrund ihrer in den Kriegsjahren erbrachten Leistungen zu stark gewachsen. Sichtbarster Ausdruck dieses Emanzipationswillens war die Durchsetzung des allgemeinen Frauenwahlrechts, das in Deutschland und Österreich 1919 eingeführt wurde. In den Siegerstaaten Großbritannien und Frankreich mussten die Frauen noch bis 1928 bzw. bis zum Ende des Zweiten Weltkriegs warten, ehe sie das volle Stimmrecht erhielten.

Während im Westen verlustreiche Materialschlachten tobten und auf dem östlichen Kriegsschauplatz die Kämpfe hin und her wogten, verschlechterten sich vor allem in Deutschland und Österreich-Ungarn die Lebensbedingungen der Zivilbevölkerung rapide.

Der Winter 1916/17 ist den Deutschen als »Steckrübenwinter« in schrecklicher Erinnerung geblieben. Wochenlang kam in den meisten Fa-

So idyllisch ging es an der deutschen »Heimatfront« längst nicht zu. Dort herrschten bald Hunger, Angst und Not.

milien buchstäblich nichts anderes mehr auf den Tisch als Steckrüben, nachdem die Versorgung mit Brotgetreide und Kartoffeln völlig zusammengebrochen war. Die wenigen Vorräte waren den Frontsoldaten vorbehalten. Zum Hunger kam die Kälte, da es den meisten Haushalten auch an Heizmaterial fehlte.

Dieser Hungerwinter bildete den Höhepunkt einer Ernährungs- und Versorgungskrise, die in Deutschland bereits im Herbst 1914 eingesetzt und sich kontinuierlich verschlimmert hatte. Vor den Lebensmittelgeschäften wurden die Schlangen wartender Frauen und Kinder immer länger; die Zeichen von Unterernährung traten in den Städten am deutlichsten zu Tage. Die geschwächten Menschen wurden anfälliger für Krankheiten. Hatte die tägliche Kalorienmenge in Deutschland 1914 noch rund 3 400 pro Kopf betragen, war sie bereits Mitte 1917 auf 1 000 Kalorien gesunken. Das war nur noch knapp die Hälfte des Tagesbedarfs eines arbeitenden Menschen.

Im Vergleich zur deutschen Bevölkerung hatten die Menschen in Großbritannien und Frankreich weit weniger unter Lebensmittelknappheit zu leiden. Während Großbritannien seine Getreideimporte aufrechterhalten konnte, profitierte Frankreich u.a. von der noch stark agrarisch geprägten Landesstruktur.

Für die Verschlechterung der Ernährungslage in Deutschland waren vor allem drei Faktoren verantwortlich. Zum einen hatten Militärführung und Regierung – geblendet von der »Illusion vom kurzen Krieg« – 1914 nicht vorgesorgt. Zum anderen gingen die landwirtschaftlichen Erträge zurück, da Landwirte und Bauernsöhne einberufen wurden und der Import von Düngemitteln stockte. Letzteres war eine Folge der britischen Seeblockade, die – als dritter Faktor – seit Ende 1914 die Einfuhr von Getreide, Industrierohstoffen, Dünger etc. nach Deutschland sehr wirkungsvoll behinderte. Vor dem Krieg hatte Deutschland fast 30 Prozent seiner Lebensmittel aus dem Ausland bezogen.

Parallel zur Verknappung sämtlicher Versorgungsgüter stiegen die Preise in Schwindel erregende Höhen. Als erste Gegenmaßnahme erließ die Reichsregierung ab Oktober 1914 schrittweise Höchstpreisverordnungen, die den Preisanstieg von Lebensmitteln, Textilien und anderen wichtigen Gütern stoppen sollten. Eine »Reichspreisprüfungsstelle« hatte das zu kontrollieren. Wenig später wurden zahlreiche Kontroll- und Lenkungsstellen gegründet, die Erzeugung und Vermarktung von bestimmten Erzeugnissen überwachen sollten, wie z.B. die »Kriegsgetreidegesellschaft« und die »Reichskartoffelstelle«. Im Mai 1916 schließlich wurde das »Kriegsernährungsamt« (KEA) ins Leben gerufen, das allein für die Zivilbevölkerung zuständig war.

Die einschneidendste Maßnahme bestand indes in der Rationierung von Lebensmitteln. Die ersten Brotkarten wurden im Januar 1915 zunächst in Berlin, ab Juni im gesamten Reich eingeführt. Bald waren auch Fleisch, Fett, Milch, Zucker und zahlreiche andere Nährstoffe nur noch auf Karten zu haben. Allerdings deckte die staatlicherseits zugeteilte Lebensmittelmenge meist gerade mal die Hälfte des täglichen Kalorienbedarfs eines Menschen mit durchschnittlicher Arbeitsbelastung (ca. 2600 Kalorien). Bis Anfang 1916 sank der Kalorienwert der täglichen Rationen sogar auf weniger als 1000, um dann langsam wieder auf knapp 1500 zu steigen. Im Übrigen gab es längst keine Garantie, dass die offiziell zugeteilte Menge auch tatsächlich zur Verfügung stand. Immer wieder mussten Frauen und Kinder nach stundenlangem Anstehen die Erfahrung machen, dass es Fett oder Zucker nicht mehr gab, obwohl sie doch die entsprechenden Karten vorweisen konnten.

Im Kampf gegen den Mangel verfiel man bald auch darauf, »Ersatzstoffe« zu entwickeln. Brot wurde durch Beimischung von Kartoffelmehl, so-

Der Brief oder die Karte von der Front war ein von den Angehörigen stets heiß ersehntes Lebenszeichen. So schrieb Marie Mühle aus Glashütte an ihren Mann, Postkarte vom 2. September 1915: »Mein Lieb! Hoffentlich sind all meine Briefe und Karten in Deinem Besitz. Ich warte alle Tage auf einen Brief von Dir. Schreibe bitte recht bald einmal. ... Innige Grüße v. d. Marie u. Kindern.«

gar von Eicheln und Kastanien gestreckt, Kaffee mit Zichorie versetzt. Ersatz-Butter bestand aus gefärbtem Quark, Kriegsmarmelade aus Gelatine, Wasser und Farbstoffen. Auch für Tee oder Honig wurden künstliche Ersatzprodukte hergestellt. Die Bevölkerung war aufgerufen, zur Gewinnung von Öl in den Wäldern Bucheckern zu sammeln.

Zur Linderung der größten Not richteten Städte und Wohlfahrtsverbände bereits ab 1915 vielerorts öffentliche »Kriegsküchen« ein, in denen Bedürftige für wenig Geld eine warme Mahlzeit bekommen konnten. Allein in Breslau wurden im Januar 1917 etwa 210 000 Mittagessen, in Hamburg im April 1917 rund sechs Millionen Portionen ausgeteilt.[57]

All dies, ob Rationierung, Ersatzstoffe oder Volksküchen, konnte aber nicht verhindern, dass die Ernährungslage überaus angespannt blieb. Während des Weltkriegs starben in Deutschland schätzungsweise 800 000 Menschen an den Folgen von Unterernährung.

Auch die Ententemächte - wenngleich vom Mangel nicht so stark betroffen wie Deutschland und Österreich-Ungarn – gingen ab Mitte 1916 zur Rationierung und Ausgabe von Ersatzstoffen über.

Eine unausbleibliche Folge des Mangels war das Aufblühen des Schwarzmarktes. Hier gab es nahezu alles zu kaufen, was in legalen Geschäften nicht mehr oder nur noch auf Karte zu haben war: vollwertige Lebensmittel, hochwertige, warme Kleidung, Genussmittel etc. Schätzungsweise wurden zwischen 30 und 50 Prozent aller vorhandenen Lebensmittel auf dem Schwarzmarkt verschoben.[58] Man musste allerdings über das nötige Geld verfügen, um dieser Warenfülle inmitten des Mangels teilhaftig zu werden, zumal nach dem unerbittlichen Gesetz von Angebot und Nachfrage die Preise in astronomische Höhen stiegen.

Es waren daher vorwiegend Angehörige der »besseren Stände«, des gehobenen und höheren Bürgertums, dazu nicht wenige Kriegsgewinnler, die auf dem Schwarzmarkt die Hungerrationen der Lebensmittelkarten aufbessern und sich manche Annehmlichkeiten verschaffen konnten. Die Masse der Bevölkerung war dagegen finanziell höchst selten in der Lage, sich Lebensmittel, Kleidung oder Seife auf dem Schwarzmarkt zu kaufen. Nicht zuletzt an diesem ungleichen Zugang zum Schwarzmarkt zeigt sich, dass im Weltkrieg die Klassengegensätze in aller Schärfe weiter bestanden, allem anfänglichem Gerede von der »Schicksalsgemeinschaft eines Volkes« zum Trotz.

Dabei waren von der rapiden Verschlechterung der Einkommens- und Lebensverhältnisse nicht nur die Massen der Arbeiterfamilien und kleinen Angestellten betroffen. Auch die zahlreiche Beamtenschaft etwa erlitt im Verlauf des Krieges erhebliche Einbußen am Realeinkommen, wobei die Verluste der höheren und mittleren Beamten prozentual sogar stärker ausfielen als bei den unteren Besoldungsgruppen.[59]

Hunger und Verarmung verschärften natürlich die Unzufriedenheit in der Bevölkerung, zumal der Krieg sich immer länger hinzog und die Verlustmeldungen zunahmen. Ab Frühjahr 1916 häuften sich in Deutschland die Hungerproteste, die mancherorts, etwa in Nürnberg und Leipzig, in spontane Gewaltausbrüche mündeten. Einen Höhepunkt ereichten diese Unruhen im April 1917, als nach Kürzung der Brotrationen in Berlin über 200 000 Rüstungsarbeiter in einen Streik traten, dem sich Zehntausende Kollegen u.a. in Halle, Magdeburg, Leipzig und Braunschweig anschlossen. Im selben Monat spaltete sich die weit links stehende USPD von der SPD ab und versuchte, der Forderung nach Brot und Frieden politischen Nachdruck zu verleihen. Mit noch radikaleren Tönen versuchte das auch der von Rosa Luxemburg, Karl Liebknecht und Clara Zetkin gegründete »Spar-

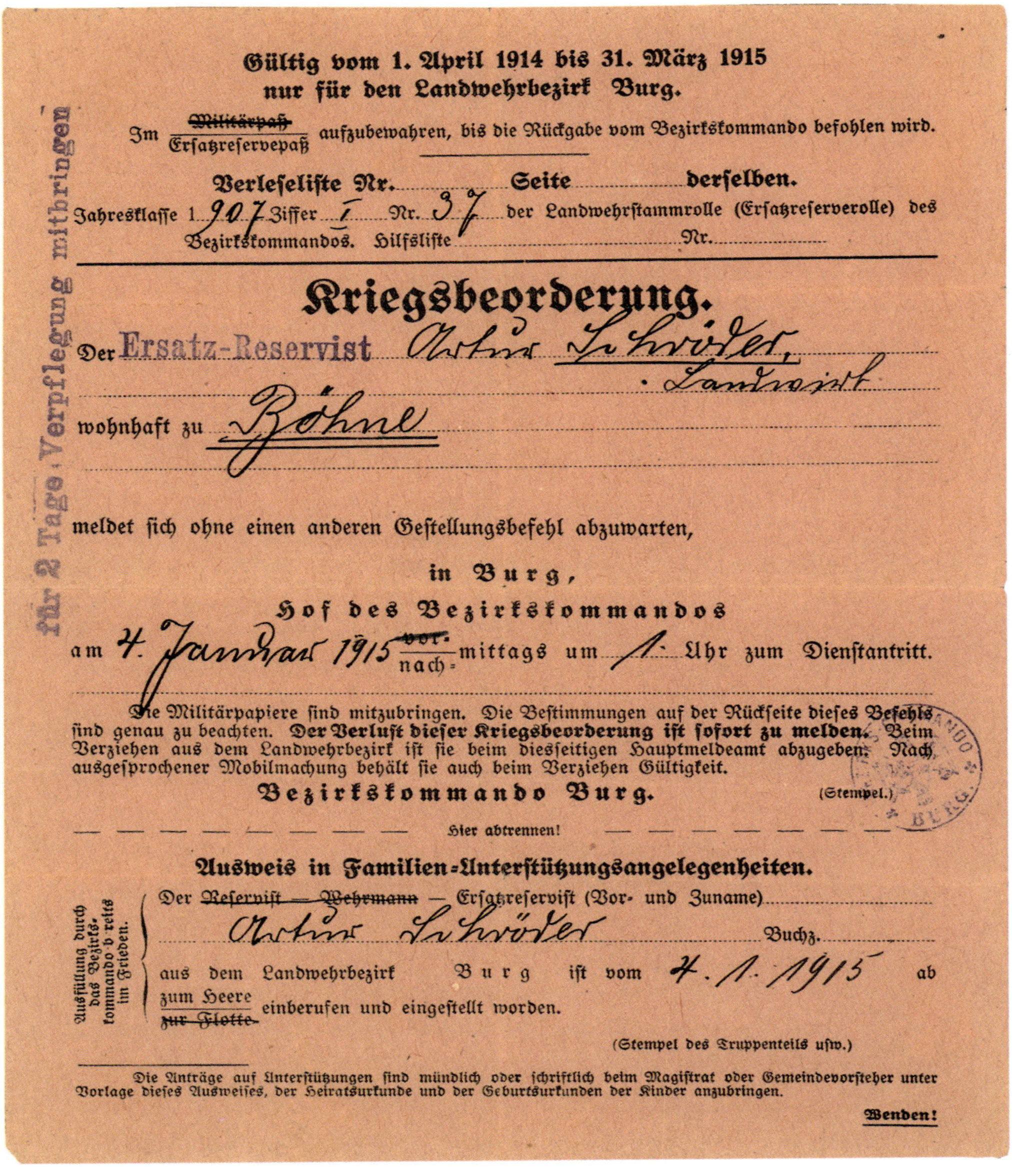

Gültig vom 1. April 1914 bis 31. März 1915
nur für den Landwehrbezirk Burg.

Im ~~Militärpaß~~ / Ersatzreservepaß aufzubewahren, bis die Rückgabe vom Bezirkskommando befohlen wird.

Verleseliste Nr. .... Seite .... derselben.

Jahresklasse 1907 Ziffer I Nr. 37 der Landwehrstammrolle (Ersatzreserverolle) des Bezirkskommandos. Hilfsliste .... Nr. ....

Kriegsbeorderung.

Der Ersatz-Reservist Artur Schröder, Landwirt

wohnhaft zu Böhne

meldet sich ohne einen anderen Gestellungsbefehl abzuwarten,

in Burg,

Hof des Bezirkskommandos

am 4. Januar 1915 ~~vor-~~ / nach- mittags um 1 Uhr zum Dienstantritt.

Die Militärpapiere sind mitzubringen. Die Bestimmungen auf der Rückseite dieses Befehls sind genau zu beachten. **Der Verlust dieser Kriegsbeorderung ist sofort zu melden.** Beim Verziehen aus dem Landwehrbezirk ist sie beim diesseitigen Hauptmeldeamt abzugeben. Nach ausgesprochener Mobilmachung behält sie auch beim Verziehen Gültigkeit.

Bezirkskommando Burg. (Stempel.)

für 2 Tage Verpflegung mitbringen

— — — — Hier abtrennen! — — — —

Ausweis in Familien-Unterstützungsangelegenheiten.

Ausfüllung durch das Bezirkskommando bereits im Frieden.

Der ~~Reservist — Wehrmann~~ — Ersatzreservist (Vor- und Zuname) Artur Schröder Buchz. ....

aus dem Landwehrbezirk Burg ist vom 4. 1. 1915 ab zum Heere / ~~zur Flotte~~ einberufen und eingestellt worden.

(Stempel des Truppenteils usw.)

Die Anträge auf Unterstützungen sind mündlich oder schriftlich beim Magistrat oder Gemeindevorsteher unter Vorlage dieses Ausweises, der Heiratsurkunde und der Geburtsurkunden der Kinder anzubringen.

Wenden!

Eine andere Form von Kriegspost: Einberufungsbescheid für den Landwirt Artur Schröder aus Böhne bei Magdeburg. Verpflegung für zwei Tage war mitzubringen.

takusbund«. Noch gelang es aber der Führung des Kaiserreichs mit einer Mischung aus Repressionen und materiellen Zugeständnissen, etwa leicht erhöhten Rationen, die Unruhen im Zaum zu halten.

Auch in anderen Staaten kam es mit zunehmender Kriegsdauer zu Unruhen. So unterschied sich die Versorgungslage in Österreich-Ungarn kaum von der im Deutschen Reich. Im Frühjahr 1917 häuften sich in größeren Städten spontane Demonstrationen und Streiks. Am schlimmsten waren die Zustände in Russland. Hunger und die Wut über Misswirtschaft und Korruption waren denn auch wesentliche Triebkräfte für den Sturz des Zaren in der Februarrevolution 1917. Dass die neue Regierung unter Alexander Kerenski allerdings den Krieg fortsetzte, führte zu wachsender Erbitterung in der Bevölkerung. Im Oktober 1917 übernahmen die von Lenin angeführten Bolschewiki unter der Losung »Brot, Land und Frieden« die Macht.

Vom ersten Tag an verschlang der Krieg gewaltige Summen. Die gesamten Kriegskosten des Deutschen Reiches beliefen sich schließlich auf knapp 160 Milliarden Reichsmark. In Militär und Regierung hatte zu Beginn des Krieges niemand mit derartigen Summen gerechnet, zumal man stets von einem kurzem Krieg ausgegangen war. Bereits am 4. August 1914 beschloss die Reichsregierung, den Krieg vor allem durch – nicht ausreichend gedeckte – Kredite zu finanzieren. Mit deren Rückzahlung gedachte man es sich einfach zu machen. Nach dem Sieg sollten die unterlegenen Kriegsgegner die deutschen Schulden in Form von Reparationen bezahlen. Diese so verantwortungslose wie kaltschnäuzige Entscheidung stellte die Weichen für die spätere Inflation, durch die Millionen Deutsche 1922/23 ihre gesamten Ersparnisse verloren. Aber bereits vor 1918 trieb der Krieg die Preise in die Höhe.

Bis Kriegsende stellte die Reichsbank per Schatzanweisungen rund 51 Milliarden Mark zu Verfügung. Die Hauptsäule der Kriegsfinanzierung bildeten jedoch die insgesamt neun Kriegsanleihen, die eine Gesamtsumme von rund 97 Milliarden Mark einbrachten. Für die erste Anleihe wurde den Deutschen eine sehr attraktive Verzinsung von 5 Prozent versprochen.

Auch andere Staaten legten nach 1914 zur Finanzierung des Krieges mehrere Anleihen auf. In Österreich-Ungarn wurden auf diese Weise rund 35 Milliarden Kronen aufgebracht. In Großbritannien war die Verzinsung zunächst relativ gering, so dass die Ergebnisse der ersten beiden Anleihen hinter den Erwartungen zurückblieben. Erst die dritte so genannte Victoria Loan von Anfang 1917 hatte mit 2,1 Milliarden Pfund den erhofften Umfang.

Frankreich sah sich erst Anfang 1916 veranlasst, die erste von vier Kriegsanleihen aufzulegen, die insgesamt 53 Milliarden Francs erbrachten. Die USA sammelten von der »Liberty Loan« vom Mai 1917 bis zur »Victory Loan« (Mai 1919) mit fünf Kriegsanleihen rund 20,5 Milliarden Dollar ein.[60]

Für die erste Kriegsanleihe war in Deutschland lediglich in Zeitungsinseraten geworben worden. Als jedoch die anfängliche Kriegseuphorie verflogen und damit die Bereitschaft zur Zeichnung von Kriegsanleihen spürbar gesunken war, verstärkte man die Propaganda-Anstrengungen. Nun wurde auch auf zahlreichen Plakaten und Bild-Postkarten zur Zeichnung von Kriegsanleihen aufgerufen. Erfahrene Werbegraphiker lieferten suggestive Bildvorlagen, um die Parole von der »finanziellen Wehrpflicht« – so Finanzstaatssekretär Karl Helfferich – dem Volk einzutrichtern. Zu einer »Ikone« der Anleihen-Propaganda bzw. überhaupt der offiziellen Kriegsdarstellung, wurde der von Fritz Erler gemalte »Mann mit Stahlhelm«.

Lampe's Wormser
naturreiner Traubensaft alkoholfrei
für verwundete und erholungsbedürftige
Krieger
ärztlich viel verordnet. Höchstwertige Nahrung für die Nerven. Begehrt als Liebesgabe!
Wormser Traubensaft-Kelterei u. Nährmittelwerke, H. Lampe & Co G.m.b.H. Worms a/Rh.

Die Feldpostkarte diente auch zur direkten Produkt-Werbung, wie beispielsweise für Traubensaft, Kekse oder auch alkoholische Getränke. Der Lanzenreiter mit Pickelhaube entsprach ganz und gar nicht der Realität des industrialisierten Krieges.

Wir halten's aus! Bei Bier und Wein, Zigarrendampf, da zieht sich's fröhlich in den Kampf!

Wer sich mit dem Schreiben etwas schwer tat, konnte auf Karten zurückgreifen, die eine aufgedruckte Botschaft enthielten (oben).

In Marketender-Läden (linke Seite oben) konnten sich die Soldaten hinter der Front mit Tabak, Getränken, Schreibwaren oder Feldpostkarten versorgen. Die Karten wurden häufig in Sechser-Packungen verkauft.
Typisch für Feldpostkarten aus den ersten Kriegsmonaten waren verharmlosende Darstellungen des Kriegs.

Bayrischer Kriegsfreiwilliger Friedrich Burgdörfer an Mia am 2. November 1914: »Ja man kann sich den Krieg ... gar nicht vorstellen. Man kann ihn auch nicht beschreiben; die Feder sträubt sich, alle die grauenhaften Szenen zu Papier zu bringen.«

WEIHNACHTEN 1915
PASS
LEIBNIZ KEKS

GOLD GAB ICH ZUR WEHR
EISEN NAHM ICH ZUR EHR
BRINGT EUREN GOLDSCHMUCK DEN GOLDANKAUFS-STELLEN
POSTKARTE
BERLIN
DEUTSCHES REICH
7½
Fräulein
Gertrud Brodhun.
p. Adr. Herrn Pastor Schmidt.
Dahlhausen. bei
Blumenthal. i/M.

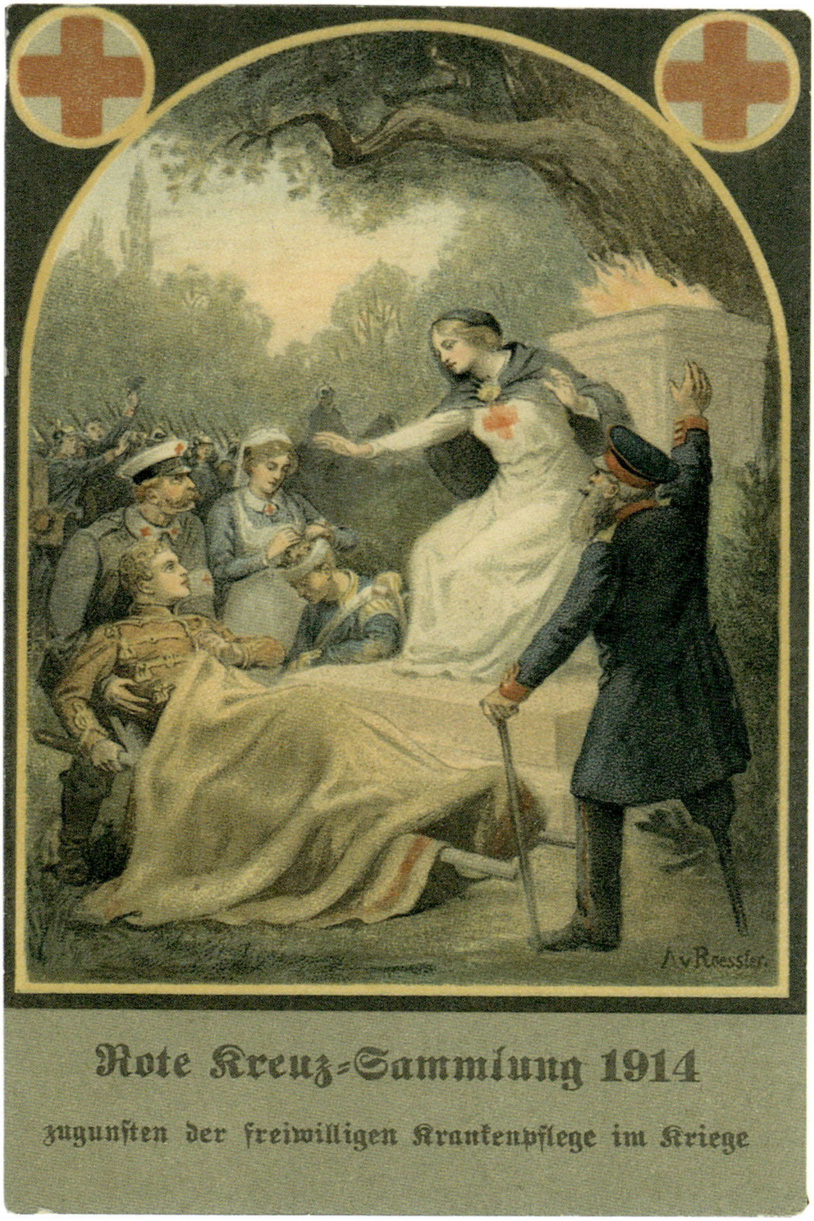

Spendenaufrufe tauchten immer wieder als Kartenmotiv auf – ob für das Rote Kreuz oder für die Kampagne »Gold gab ich für Eisen« zur Finanzierung des Krieges.

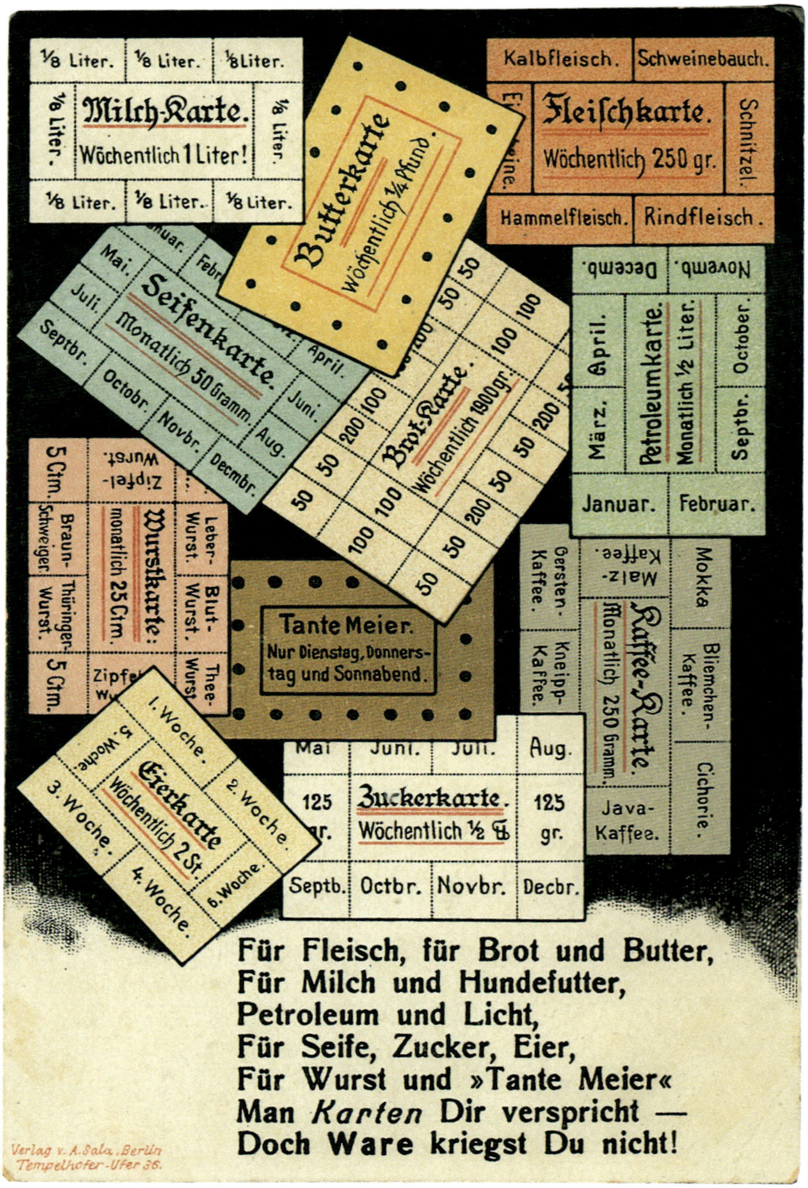

Es gab auch Postkarten, die nicht mit Kritik sparten – wie hier an der schlechten Versorgungslage in Deutschland. Die Zensur nahm an derartigen Kartenmotiven relativ selten Anstoß.

Kriegswirtschaft

Unter den Bedingungen des industrialisierten Krieges mussten alle Kriegsparteien ihre wirtschaftlichen und technischen Ressourcen voll ausschöpfen. Je länger der Krieg dauerte, um so konsequenter wurde darum die gesamte Wirtschaft auf die Bedürfnisse des Militärs ausgerichtet. Einen ersten Schritt dahin hatte man in Deutschland bereits Ende August 1914 mit der Gründung der »Kriegsrohstoffabteilung« (KRA) getan. Ihr Initiator und erster Leiter war der Direktor des AEG-Konzerns, Walther Rathenau (späterer Außenminister der Weimarer Republik und 1922 von Rechtsradikalen ermordet). Tatsächlich gelang es der KRA, den durch die britische Seeblockade verschärften Rohstoff-Mangel abzumildern. Das Zusammenspiel von privatwirtschaftlichen Großbetrieben und staatlicher Planungsbehörde funktionierte zunächst so effektiv, dass z. B. der britische Premierminister Lloyd George eine entsprechende Behörde für England forderte. Im Frühjahr 1915 koordinierten in Deutschland insgesamt 25 Kriegsrohstoffgesellschaften alle an der Rüstungsproduktion beteiligten Wirtschaftssektoren. Doch bald häuften sich Reibungsverluste und Konflikte, nicht zuletzt auf Grund von Interessengegensätzen zwischen den häufig die Preise diktierenden Großunternehmen und den Klein- und Mittelbetrieben.[61]

Die Beschaffung von Rohstoffen sollte aber auch zu einer Sache des ganzen Volkes werden. Mit gewaltigem Propaganda-Getöse wurde in Deutschland zur Sammlung von Kupfer, Eisen, Aluminium, Leder, Gummi und anderen kriegswichtigen Materialien aufgerufen. Und so brachten denn Hausfrauen aller Schichten, Kinder und mitunter ganze Schulklassen Haushaltsgegenstände, Töpfe, Bestecke, Fahrradschläuche, Lederreste etc. zu den Sammelstellen. Darüber hinaus folgten nicht wenige Deutsche der offiziellen Losung »Gold gab ich für Eisen«: Sie lieferten Gold- und Silberschmuck ab, um fortan Ringe aus Eisen als Zeichen ihres »Opfersinns« zu tragen.

Eine andere im Deutschen Reich beliebte Art der Spendensammlung waren die so genannten »Kriegsnagelungen«. In vielen Städten wurden an zentraler Stelle bis zu 25 Meter hohe Holzfiguren aufgestellt, die zumeist vaterländische Symbole wie das »Eiserne Kreuz«, historische Gestalten wie Karl den Großen, Heinrich den Löwen oder auch zeitgenössische »Heroen«, vor allem Hindenburg, darstellten. In diese wurden zahllose Nägel eingeschlagen, für die die Spender zuvor einen bestimmten Betrag entrichtet hatten. Es gab Eisen- und Kupfernägel zu 50 Pfennig oder 1 Mark, aber auch Silber- und sogar Goldnägel, für die zwischen 10 und 1000 Mark zu zahlen waren. Diese öffentlichen Sammel-Spektakel waren recht einträglich, sicher nicht zuletzt wegen des Gruppendrucks, dem man sich schwer entziehen konnte.

Allerdings verloren derartige Aktionen mit zunehmender Kriegsdauer an Anziehungskraft und wurden Anfang 1917 weitgehend eingestellt.

Deutlich verschärft wurde die Militarisierung der deutschen Wirtschaft ab September 1916 im Zuge des so genannten Hindenburg-Programms, das auf eine totale Mobilisierung der Wirtschaft abzielte. Hintergrund war die akute »Munitionskrise« nach der Somme-Schlacht und das blutige Scheitern der deutschen Truppen vor Verdun.

Kurz zuvor, am 29. August, hatte Hindenburg, der »Sieger von Tannenberg«, den erfolglosen General Falkenhayn als Chef der Obersten Heeresleitung (OHL) abgelöst. Zusammen mit General Ludendorff bildete er nunmehr die 3. OHL, die in Deutschland bald quasi-diktatorische Macht ausübte.

Ziel des Hindenburg-Programms war die Verdoppelung der Rüstungsproduktion. Der Ausstoß von Minenwerfern und Munition sollte verdop-

Der Eiserne Hindenburg von Berlin

Die monumentale Holzfigur Hindenburgs wurde von Teilnehmern einer öffentlichen Aktion rundum mit Nägeln gespickt, für welche Spenden zu entrichten waren. In den ersten Kriegsjahren waren derartige »Nagelungen« in Deutschland und Österreich-Ungarn beliebte Formen der Geldsammlung. Die Erlöse kamen zumeist den Hinterbliebenen von Gefallenen zugute.

Die U-Boote wurden von der deutschen Propaganda als sehr wirkungsvolle Waffen gefeiert, die Kommandanten zu Helden stilisiert. Die Aufnahme des uneingeschränkten U-Boot-Kriegs führte 1917 zum Kriegseintritt der USA auf Seiten der Entente.

pelt, der von Geschützen und Maschinengewehren sogar verdreifacht, die Schießpulverproduktion von 6000 Tonnen auf 10000 Tonnen im Monat gesteigert werden. Zu diesem Zweck wurde die Produktion ziviler Verbrauchsgüter zugunsten der Rüstungsproduktion weiter eingeschränkt. Tausende Klein- und Mittelbetriebe mussten auf kriegswichtige Produktion umstellen oder wurden geschlossen. Angestrebt wurde eine möglichst umfassende Militarisierung der gesamten Wirtschaft.

Dieser Mobilisierung aller gesellschaftlichen Kräfte im Zeichen des »totalen Krieges« (Ludendorff) diente auch die Einführung des »Vaterländischen Hilfsdienstes« im Dezember 1916. Für alle Männer zwischen siebzehn und sechzig Jahren wurde eine gesetzliche Dienstpflicht eingeführt. Sofern sie nicht beim Militär dienten, sollten sie in der Rüstungsindustrie zum Einsatz kommen. Das von Mitarbeitern Hindenburgs entworfene Hilfsdienstgesetz umfasste ursprünglich weit rigorosere Maßnahmen, z.B. die Dienstverpflichtung von Frauen und ein weitgehendes Verbot des Arbeitsplatzwechsels. Diese von der 3. OHL gewünschte völlige Militarisierung der deutschen Wirtschaft scheiterte jedoch am Widerstand der Gewerkschaften, der SPD, aber auch der Nationalliberalen, der Fortschrittlichen Volkspartei und des katholischen Zentrums. Das vom Reichstag schließlich gebilligte Gesetz gewährte den Arbeitern weiterhin das Recht auf Arbeitsplatzwechsel aus »wichtigem Grund«, z.B. »angemessene Verbesserung der Arbeitsbedingungen«. Zur Konfliktschlichtung wurden in Fabriken mit mehr als 50 Arbeitern Ausschüsse eingesetzt, die paritätisch von Unternehmerseite und Arbeitern besetzt waren. Die Hilfsdienstpflichtigen behielten das Versammlungs- und Vereinsrecht. Frauen blieben von der Dienstverpflichtung verschont, anders als in England, wo die Einbeziehung von Frauen in die Kriegswirtschaft strikter gehandhabt wurde.

Zwar hatte Hindenburg nun sein Hilfsdienstgesetz (HDG), doch in einer sehr abgemilderten Form. Der Reichstag hatte in der Auseinandersetzung um das Gesetz eine bislang nicht gekannte Standfestigkeit und Einflussmacht bewiesen, so dass das HDG im Rückblick geradezu als ein Markstein in der beginnenden Parlamentarisierung Deutschlands angesehen werden kann.[62]

Angesichts des fortdauernden Arbeitskräftemangels verfiel die deutsche Militärführung ab 1917 auch auf das Mittel der Zwangsverpflichtung. So wurden aus dem besetzten Russisch-Polen unter Anwendung mehr oder minder starken Drucks rund 500000 Männer zur Arbeit nach Deutschland gebracht. Im besetzten Belgien wurden insgesamt 130000 Männer für die deutsche Kriegswirtschaft zwangsrekrutiert.

Der Krieg war auch ein Geschäft, für manche sogar ein sehr gutes. So konnten die Kruppwerke in Essen, Deutschlands größter Produzent von Rüstungsgütern, den Nettogewinn seit Kriegsbeginn mehr als verdoppeln (von 31,6 Millionen Mark 1913/14 auf 79,7 Millionen Mark 1916/17). Bei Rheinmetall in Düsseldorf stiegen die Gewinne im Vergleich zu den Vorkriegsjahren sogar um das Zehnfache. In der chemischen Industrie wuchsen die Dividenden während des Krieges durchschnittlich um fast 200 Prozent (inflationsbereinigt), bei den metallverarbeitenden Unternehmen noch um stolze 175 Prozent.[63] Ungeachtet der Rohstoff-Lenkung und anderer Eingriffe des Staates funktionierte die deutsche Wirtschaft auch im Krieg nach den Gesetzen des Privatkapitalismus. Rosa Luxemburg kommentierte das mit den bitterbösen Worten: »Die Dividenden steigen, die Proletarier fallen.«

Generell ist festzustellen, dass die Gewinnsprünge im Krieg um so größer ausfielen, je näher das jeweilige Unternehmen der Kriegswirtschaft stand, ob als Produzent von Geschützen und Munition oder als Lieferant von Uniformteilen, Holzverschalungen für Unterstände – oder auch von Feldpostkarten, sicher nicht das unwichtigste Versorgungsgut für die Front. Auf der anderen Seite mussten Betriebe, die überwiegend für zivile Zwecke produzierten – Möbel, Spielzeug, Wohnungsbau etc. – ums Überleben kämpfen. Dementsprechend verringerte sich in diesem Bereich auch die Zahl der Beschäftigten um rund 30 Prozent, während sie in der Rüstungsindustrie nach 1914 um mehr als 40 Prozent zunahm.

Parallel zum Anstieg der Gewinne sanken die Reallöhne der Arbeiter und Angestellten im Verlauf des Krieges um durchschnittlich rund 35 Prozent (in der Rüstungsindustrie um rund 22 Prozent, in der »zivilen Industrie« um rund 44 Prozent.)[64] Auch Beamte, insbesondere die mittleren und höheren Besoldungsgruppen, mussten empfindliche Einbußen hinnehmen. Dieses Missverhältnis von Unternehmensgewinnen und Löhnen führte selbstredend zu wachsendem Unmut und Erbitterung in der Bevölkerung. Darum befasste sich ab Dezember 1916 eigens eine Reichstagskommission mit dem Problem der Kriegsgewinne, ohne Erfolg allerdings, da Regierung und Militärführung nicht bereit waren, ein effektives System zur Preis- und damit auch Gewinnkontrolle einzuführen. Vor allem in der seit August 1917 amtierenden 3. OHL um Hindenburg und Ludendorff hatte die Großindustrie eine mächtige Fürsprecherin, die alle Ansätze zur staatlichen Einschränkung der Gewinnmaximierung zu unterbinden wusste. Zu gleicher Zeit wachte in England, dem Mutterland des Kapitalismus, ein so genanntes »Munitionsamt« darüber, dass Preisvorgaben eingehalten und die Gewinne der Rüstungsunternehmen nicht ins Ungemessene stiegen.

"TANKED" CANADA'S GERMAN PRISONERS FOLLOW THE TANK. Canadian Official

Offensiven und Niederlagen: der Kriegsverlauf 1917/18

Die blutigen Materialschlachten des Jahres 1916 (Verdun und Somme-Schlacht) hatten keiner Seite greifbare Vorteile gebracht, so dass die Westfront weiterhin im Stellungskrieg verharrte. Im Osten hatte die zaristische Armee im Zuge der Brussilow-Offensive im Juni 1916 zwar große Geländegewinne erzielt, doch gelang es den Mittelmächten bis Ende des Jahres, die Front zu stabilisieren. Auch das dritte Kriegsjahr sollte noch keine Entscheidung bringen, trotz gewaltiger Anstrengungen aller Kriegsparteien.

Am 1. Februar 1917 erklärte Deutschland die Wiederaufnahme des uneingeschränkten U-Boot-Krieges, dessen Wirkung aber nach anfänglichen Erfolgen weit hinter den Erwartungen zurückblieb. Vielmehr führte der Kriegseintritt der USA im April 1917 zu einer Verschiebung der Kräfteverhältnisse zugunsten der Entente.

Briten und Franzosen versuchten 1917 erneut, unter gewaltigem Einsatz von Menschen und Material einen Durchbruch zu erzielen. Die Briten griffen im April bei Arras nach achttägigem Trommelfeuer an. Mit effektiver Flugzeug- und Panzerunterstützung gelangen ihnen tatsächlich große Geländegewinne, doch blieb der Angriff nach sechs Wochen in den tief gestaffelten Verteidigungslinien der Deutschen stecken. Die britische Armee verlor 142000 Mann.

Etwa zeitgleich begann in der Champagne die so genannte Nivelle-Offensive, welche die französische Armee aufgrund unzureichender Planung und Feindaufklärung an den Rand der Niederlage brachte. Der vorbereitende Artilleriebeschuss traf großenteils ein von den Deutschen bereits geräumtes Gelände und blieb darum weitgehend wirkungslos. Anschließend scheiterten zahlreiche Angriffsversuche der französischen Truppen auf den Chemin des Dames im gegnerischen Granat- und MG-Feuer. Über sieben Wochen tobte der Kampf, in dem die Franzosen minimale Geländegewinne mit dem Verlust von 250 000 Mann bezahlten.

Das blutige Desaster vom Chemin des Dames führte zur tiefsten Krise der französischen Armee im Ersten Weltkrieg. Es kam zu offenen Meutereien. Ganze Divisionen verweigerten sich dem Befehl, den sinnlosen Ansturm auf die deutschen Stellungen fortzusetzen. Diese Auflösungserscheinungen blieben der deutschen Militärführung aber verborgen, so dass sie nicht zu einem Gegenschlag ausholte. Der Hauptverantwortliche für die Katastrophe, Robert Nivelle, wurde als Generalstabschef von Philippe Pétain, dem »Retter von Verdun«, abgelöst. Diesem gelang es mit einer Mischung aus drakonischen Strafaktionen und besserer Truppen-Versorgung, Disziplin und Kampfmoral wiederherzustellen. Allerdings blieb die französische Armee bis zum Herbst 1917 nahezu gelähmt.[65]

Trotz fehlender Unterstützung durch den französischen Bündnispartner ging die britische Armee im Juli 1917 in Nord-Flandern erneut in die Offensive. Hauptziel war die Eroberung der Häfen am Ärmelkanal, um die dort stationierten deutschen U-Boote zu neutralisieren. Doch auch diese dritte Flandern-Schlacht (Schlacht von Passchendaele) brachte keinen Erfolg. Bei den über fünf Monate tobenden Kämpfen wurden 324000 Briten getötet oder verwundet; die belgischen Häfen konnten jedoch nicht eingenommen werden.

Währenddessen kam im Osten die Front wieder in Bewegung. Russische Truppen erzielten bei der so genannten Kerenski-Offensive Anfang Juli 1917 in Galizien beachtliche Gebietsgewinne. Durch die Heranführung deutscher Verstärkungen wurde der russische Vormarsch jedoch nach wenigen Tagen gestoppt und wieder zurückgedrängt. Auch im Norden und an der Rumänienfront mussten die Russen bald zurückweichen, so dass die »Kerenski-Offensive« nach vier Wochen endgültig gescheitert war.

Bei den Franzosen kämpften auch zahlreiche Soldaten aus den Kolonien. Im Frühjahr 1917 erlitt die französische Armee schwere Niederlagen, die zu Meutereien großer Truppenteile führten.

Für die politische Entwicklung in Russland sollte das tiefgreifende Folgen haben. Dort hatte im Februar 1917 eine bürgerliche Revolution die Zarenherrschaft hinweggefegt. Entgegen der verbreiteten Hoffnung auf sofortigen Frieden verstärkte der bürgerliche Ministerpräsident Kerenski jedoch noch einmal die Kriegsanstrengungen, um einen »Frieden ohne Annexionen«, aber auch »ohne Niederlage« zu erreichen. Nach dem militärischen Scheitern Kerenskis beschleunigten sich die Auflösungserscheinungen in Armee und Staat. Hunderttausende Soldaten desertierten und schlossen sich in der Heimat den Bolschewiki an, die mit der Parole »Brot, Land und Frieden« im Volk wachsende Unterstützung fanden. Ende Oktober 1917 gelang es den Bolschewiki unter Führung von Wladimir I. Lenin und Leo D. Trotzki schließlich, die alleinige Macht an sich zu reißen. Am 22. Dezember 1917 begannen in Brest-Litowsk die Friedensverhandlungen zwischen Sowjet-Russland und den Mittelmächten.

Faktisch war der am 3. März 1918 unterzeichnete Frieden von Brest-Litowsk ein Diktat. Russland musste auf weite Gebiete im Baltikum und im Kaukasus sowie auf die Ukraine und damit auf etwa ein Drittel seiner Bevölkerung und den Großteil seiner Rohstoffvorkommen und Industrie

Mitglieder des deutschen Kaiserhauses ließen sich gern als treusorgende Landesmütter oder -väter abbilden. Besonders gut eigneten sich dafür Besuche in Lazaretten und Erholungsheimen.

verzichten. Weite Gebiete Osteuropas wurden deutscher Kontrolle unterworfen. Mit dem Diktatfrieden von Brest-Litowsk hatten die deutschen Nationalisten vom Schlage eines Ludendorff bewiesen, dass sie ihre annexionistischen Kriegsziele durchaus umzusetzen gedachten, sobald sie – wie Anfang 1918 im Osten – nur die Macht dazu hatten.

An der »Heimatfront« führte der Sieg im Osten kurzeitig zu einer Aufhellung der Stimmung. Eine wachsende Zahl von Deutschen hielt einen baldigen Sieg an der Westfront wieder für möglich.

Ein Jahr später in Versailles fiel dieses Diktat von Brest-Litowsk auf Deutschland zurück, auch – und vor allem - auf jene, die Annexionen und Tribute gar nicht gefordert hatten, sondern ein möglichst rasches Ende des Krieges. Deren Zahl wuchs. Anfang 1918 erreichte die Kriegsmüdigkeit in Deutschland einen neuen Höhepunkt. Am 28. Januar beteiligten sich in Berlin rund 400 000 Arbeiter an einer von der linkssozialistischen USPD organisierten Demonstration für einen Frieden ohne Annexionen und bessere Lebensmittelversorgung.

Im Anschluss daran traten in der Reichshauptstadt 180 000 Munitionsarbeiter in der Streik. Er bildete den Auftakt zu einer Streikwelle, von der die meisten Industrieregionen erfasst wurden. Neben das Verlangen nach höherer Entlohnung und besserer Versorgung traten zunehmend auch politische Forderungen: nach Frieden und demokratischen Mitspracherechten.[66]

Anfang 1918 schien der Krieg im Westen militärisch noch keineswegs entschieden. Vielmehr unternahm Deutschland im März und April noch einmal eine Groß-Offensive, von der sich Hindenburg und Ludendorff den entscheidenden Durchbruch durch die französischen und britischen Linien erhofften. London und Paris sollten dann zur Aufnahme von Friedensverhandlungen unter deutschen Bedingungen gezwungen werden. Doch auch diese Offensive scheiterte nach Anfangserfolgen innerhalb weniger Tage, obwohl der deutschen Militärführung rund 500 000 Mann zusätzlich zur Verfügung standen, die nach dem Sieg über Russland von der Ostfront in den Westen verlegt worden waren. Am erfolgreichsten verlief die Operation »Michael« an der Somme, wo den deutschen Truppen ein 80 Kilometer tiefer Vorstoß gelang. Doch nach drei Wochen verlustreicher Kämpfe kam ihr Vormarsch an der massierten Verteidigung der Alliierten zum Stehen. Auch die folgenden Angriffe in Flandern, in der Champagne und an der Marne brachen bis Mitte Juli zusammen. Immer deutlicher zeigte sich, dass Deutschland und seine Verbündeten sowohl personell (Anzahl der Soldaten) als auch materiell (Waffen, Munition, industrielle Kapazitäten) unterlegen waren.

Im Juli 1918 holten die Alliierten zum Gegenschlag aus. An der Marne zwangen französische Truppen mit Panzerunterstützung die Deutschen unter hohen eigenen Verlusten zum Rückzug. Erstmals kamen dabei auch größere US-amerikanische Kontingente zum Einsatz.

Folgenschwerer noch war die deutsche Niederlage am 8. August in der »Panzerschlacht« bei Amiens. Rund 400 britische Panzer durchbrachen dort mit massiver Artillerie- und Flugzeug-Unterstützung die deutschen Linien. Als die alliierten Angriffe in den folgenden Wochen weiter an Durchschlagskraft gewannen, zeigten sich in der deutschen Armee erste Auflösungserscheinungen.[67] Ganze Einheiten legten die Waffen nieder und ergaben sich dem überlegenen Gegner. Sprunghaft stieg die Zahl der Soldaten, die desertierten oder sich auf andere Weise dem Kampfgeschehen entzogen, um angesichts einer absehbaren Niederlage die eigen Haut zu retten.

Am 29. September trat General Ludendorff vor Kaiser und Regierung und erklärte, dass der Krieg verloren sei. Es müssten unverzüglich Waffenstillstandsverhandlungen aufgenommen werden. Gleichzeitig empfahl er die Parlamentarisierung des Reiches, d.h. eine stärkere Beteiligung der Parteien an den kommenden Entscheidungen. Das war eine perfide Empfehlung, diente sie doch dazu, die Verantwortung für die militärische Katastrophe und deren bittere Folgen für die Deutschen von der Militärführung abzuwälzen und sie vor allem den Linksparteien aufzubürden. Es gehört zur Tragik der deutschen Geschichte im 20. Jahrhundert, dass diese Rechnung Ludendorffs und seiner Spießgesellen nach 1918 zum Teil aufging. Die von Ludendorff und Hindenburg in die Welt gesetzte »Dolchstoßlegende« gab fälschlicherweise demokratischen, vor allem linksgerichteten Politikern und dem »Versagen der Heimatfront« die Schuld an der Niederlage.

Unter dem neuen Reichskanzler Max von Baden schritt im Oktober 1918 die Parlamentarisierung Deutschlands voran, u.a. durch Bildung einer von einer Reichstagsmehrheit aus MSPD, Zentrum und Fortschrittspartei getragenen Regierung, Abschaffung des Dreiklassenwahlrechts in Preußen, Einführung einer konstitutionellen Monarchie (»Oktoberverfassung«).

Parallel dazu bemühte man sich um einen Waffenstillstand mit möglichst günstigen Bedingungen. Fürsprache erhoffte sich die neue Reichsführung vor allem vom amerikanischen Präsidenten Woodrow Wilson, dessen »Vierzehn Punkte-Programm« vom Januar 1918 ausdrücklich einen »Frieden ohne Sieg« und die allgemeine Durchsetzung demokratischer Prinzipien gefordert hatte. Die von der Reichsregierung eingeführten Reformen hatten nicht zuletzt den Zweck, den US-Präsidenten gewogen zu stimmen.

Forderungen hatten die Deutschen angesichts einer in Auflösung begriffenen Armee allerdings bald nicht mehr zu stellen. Am 11. November 1918 unterzeichneten der Reichstagsabgeordnete Matthias Erzberger als Chef der deutschen Delegation und der französische Marschall Ferdinand Foch in einem Eisenbahnwaggon bei Compiègne den Waffenstillstand. Deutschlands Verbündete hatten kurz zuvor die Waffen gestreckt, Bulgarien am 30. September, die Türkei am 31. Oktober, Österreich-Ungarn am 3. November.

Noch vor Unterzeichnung des Waffenstillstands hatte in Deutschland – ausgehend von meuternden Matrosen in Wilhelmshaven und Kiel – die Revolution gesiegt. Die Monarchie wurde gestürzt. Am 9. November proklamierte der Sozialdemokrat Philipp Scheidemann die Republik. Die Regierungsgewalt übernahm ein »Rat der Volksbeauftragten«, dem Mitglieder der MSPD und der weiter links stehenden USPD angehörten. Ihre zentralen Aufgaben sah die neue Führung des Landes in Zweierlei: erstens in der Durchsetzung parlamentarisch-demokratischer Strukturen und sozialer Reformen (u. a. Einführung des Acht-Stunden-Tages), zweitens in der Abwehr von Umsturzversuchen, wie sie u. a. im Januar 1919 von der linksradikalen »Spartakus«-Gruppe unternommen wurden.

Die Wahlen zur Nationalversammlung am 19. Januar 1919, die ersten freien, geheimen und gleichen Wahlen in Deutschland, bezeichnen den Beginn der ersten deutschen Demokratie.

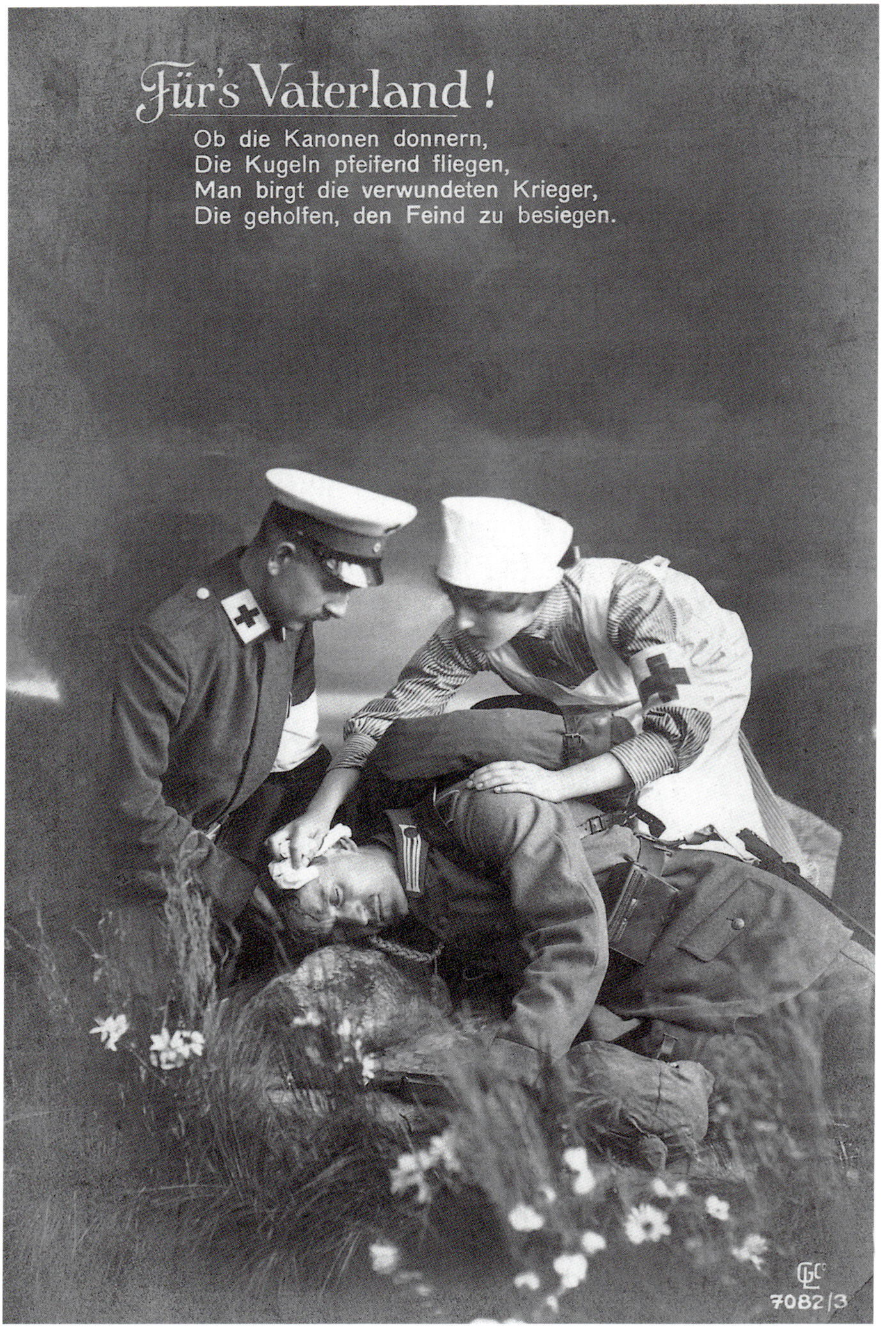
Für's Vaterland!
Ob die Kanonen donnern,
Die Kugeln pfeifend fliegen,
Man birgt die verwundeten Krieger,
Die geholfen, den Feind zu besiegen.
7082/3

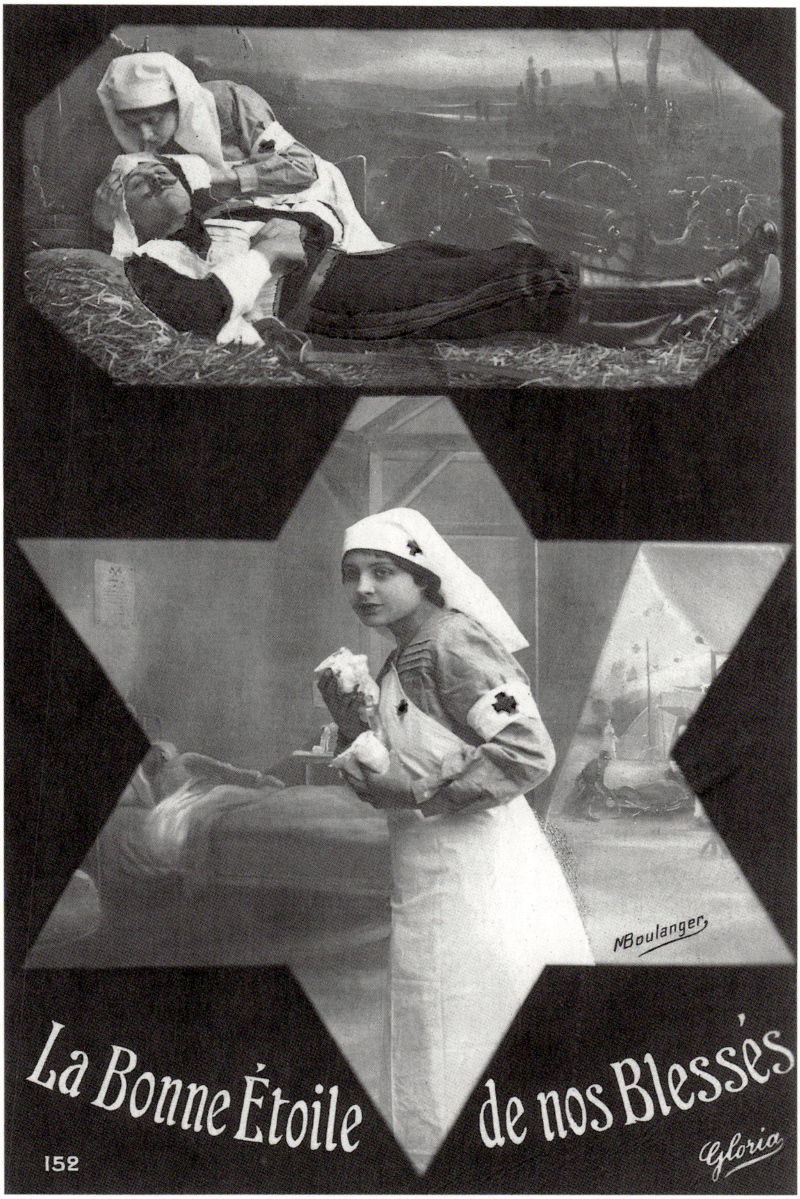

Im Ersten Weltkrieg wurden insgesamt etwa 19 Millionen Menschen verwundet. Viele von ihnen waren durch schwerste Verletzungen fürs Leben gezeichnet. Längst nicht allen Verwundeten wurde so hingebungsvolle Fürsorge zuteil, wie sie diese beiden Postkarten zeigen.

Französischer Schützengraben vor Ypern nach der Erstürmung am 28. April 1915

Nach dem Gefecht. Sanitäter geben einem schwerverwundeten Soldaten Wein.

Auch die schreckliche Realität des Krieges wurde vereinzelt auf Feldpostkarten gezeigt. (linke Seite oben)

Mit Abbildungen von Sanitätern im Einsatz sollte nicht zuletzt den Angehörigen in der Heimat das Gefühl gegeben werden, dass im Fall einer Verwundung für ihre Männer und Söhne alles Erdenkliche zur schnellen Versorgung unternommen werde.

»Geradezu entsetzlich sehen die Menschen aus, wenn sie soeben aus den Schützengräben zur Erholung zu uns [in die Etappe] kommen. Wann wird diese furchtbare Menschenverwüstung ein Ende nehmen?« – Feldpostbrief von der Westfront (Champagne) vom 2. Januar 1915.

Diese Postkarte entspricht – wie die auf der vorhergehenden Seite – einer Vorgabe des Stellvertretenden Generalsstabs vom September 1915, wonach Abbildungen von Verwundeten auf Postkarten zulässig seien, »wenn sie den Zweck erkennen lassen, weniger das Leiden solcher Kriegsbeschädigter als ihre Pflege und ihr Wohlergehen zur Darstellung zu bringen«.

Auch Soldatenfriedhöfe und sogar Massenbeerdigungen wurden auf Feldpostkarten abgebildet. Die Kartenunterschrift »Gräber tapferer Krieger« (rechte Seite oben) schließt die französischen Offiziere ein, die auf dem Friedhof begraben liegen.

Hauptmann Goldfuß
9 tapfere Krieger
2 Franz. Offiziere
Schlacht bei Mörchingen, Lothr.
Gräber tapferer Krieger auf dem Garnison-Friedhof in Hellewald.

Feldzug 1914
Begräbnis deutscher
362

Österreichische Feldpostkarte: Zwei k.u.k-Infanteristen tragen einen verwundeten Kameraden zum Verbandsplatz.

Zusammenbruch und Neuordnung

Als im November 1918 die Waffen endlich schwiegen, war die Welt eine andere. Der Krieg hatte ungeheure Opfer gefordert. Rund 15 Millionen Menschen wurden an der Front getötet oder starben an Hunger und Krankheiten. Als »industrieller Krieg« hatte der Weltkrieg neue Dimensionen der Zerstörung eröffnet, als »totaler Krieg« sogar die Zivilbevölkerung an der »Heimatfront« unmittelbar ins Kriegsgeschehen verstrickt. Er stürzte jahrhundertealte Monarchien und veränderte die Landkarte. Kaiser Wilhelm II. musste am 9. November 1918 abdanken und ging nach Holland ins Exil. Am selben Tag wurde in Berlin die Republik ausgerufen. An den Wahlen zur Nationalversammlung durften im Januar 1919 erstmals Frauen teilnehmen. Erster Reichspräsident wurde der Sozialdemokrat Friedrich Ebert.

Auch für die Donaumonarchie bedeutete die militärische Niederlage der Untergang. Am 12. November 1918 wurde die Republik Österreich proklamiert. Aus der Konkursmasse des Habsburger-Reiches entstand eine ganze Reihe unabhängiger Staaten: die Tschechoslowakei, das Königreich der Serben, Kroaten und Slowenen (Jugoslawien). Auch Ungarn, bislang weitgehend autonomer Teil der k.u.k.-Doppelmonarchie, wurde ein eigenständiger Staat mit republikanischer Verfassung.

Der Zusammenbruch des Russischen Reiches führte zur Wiedererstehung Polens, zur Unabhängigkeit Finnlands sowie der baltischen Republiken Estland, Lettland und Litauen.

Das Osmanische Reich, das als Verbündeter der Mittelmächte zu den Verlieren des Krieges gehörte, verschwand von der historischen Bühne. Die Türkei, ab 1923 eine Republik, umfasste kaum mehr ein Drittel des früheren Osmanenreiches. Frankreich und vor allem Großbritannien nahmen als Mandatsmächte nach 1918 bestimmenden Einfluss auf die politische Entwicklung im ehemaligen osmanischen Herrschaftsgebiet des Nahen Ostens. Dabei erfolgten Staatsgründungen und Grenzziehungen jedoch oftmals so willkürlich, dass damit jahrzehntelange Konflikte in der Region vorprogrammiert waren.

Die Neugestaltung Europas wurde 1919/20 in einer Reihe von Friedensverträgen festgeschrieben.

Den Verlierern wurden in diesen »Pariser Vorortverträgen« – benannt nach den Unterzeichnungsorten – sehr harte Bedingungen auferlegt: So musste Deutschland im Vertrag von Versailles (28. Juni 1919) territoriale Verluste (u.a. »polnischer Korridor«, Teile Oberschlesiens), die Abtretung sämtlicher Kolonien und horrende Reparationszahlungen hinnehmen. Es wurde eine Reparationszahlung von 132 Milliarden Goldmark festgelegt, von der Deutschland bis zum offiziellen Ende der Reparationen 1932 tatsächlich aber lediglich 53 Milliarden zahlte. Die Stärke von Heer und Marine wurde auf 115 000 Mann begrenzt, die Luftwaffe ganz verboten.

Begründet wurden die harten Friedensbedingungen mit der in Artikel 231 festgeschriebenen »Alleinschuld« Deutschlands und seiner Verbündeten am Krieg. Dieser »Kriegsschuldartikel« und die Reparationen bedeuteten eine schwere Belastung für die Republik von Weimar. Eine weitere Hypothek der Republik, die Hyper-Inflation 1923, war allerdings durch die unseriöse Finanzierung des Krieges mittels Kriegsanleihen hausgemacht, d.h. von der deutschen Militär- und Reichsführung verschuldet. Zwar ging die Empörung über das Kainsmal der »Alleinschuld« und die hohen Reparationen durch alle Bevölkerungsgruppen und Parteien. Aber rechtsgerichtete Parteien machten den Kampf gegen das »Versailler Diktat« zugleich zum Kampf gegen das parlamentarische System, solange bis mit dem Schlachtruf »Nieder mit Versailles« auch die Republik zerstört wurde.[68]

Der deutsche Sieg bei Tannenberg/Ostpreußen im August 1914 wurde schnell zum Mythos verklärt und begründete den Ruf Hindenburgs als »Retter der Nation«. Ab 1919 benutzten rechtsgerichtete Kreise den Tannenberg-Mythos zur Hetze gegen die Weimarer Demokratie. 1935 erklärten die Nationalsozialisten das monumentale Tannenberg-Denkmal zum »Reichsehrenmal«. Der 1934 gestorbene Hindenburg wurde in der Gruft beigesetzt.

Nach 1918 wurden in fast allen deutschen Städten und Gemeinden Kriegerdenkmäler für die Gefallenen des Ersten Weltkriegs aufgestellt. Zahlreiche Schulen, Behörden und Industriebetriebe gedachten auf Ehrentafeln ihrer Gefallenen.

»Europa trauert.« Motiv von A. W. Lorenzen, Freiburg im Breisgau, das in einem Schweizer Verlag in Basel als Postkarte erschien.

Österreich verpflichtete sich im Vertrag von Saint-Germain-en-Laye (10. September 1919) zur Anerkennung der Nachfolgestaaten Tschechoslowakei und Königreich der Serben, Kroaten und Slowenen (ab 1929 Jugoslawien). Durch den Vertrag von Trianon (4. Juni 1920) büßte Ungarn 67 Prozent seines Territoriums und 58 Prozent seiner Bevölkerung ein. Bulgarien kam im Vertrag von Neuilly (27. November 1919) mit kleineren Gebietsverlusten und Reparationen in Höhe von 2,25 Milliarden Goldfranken davon.

Das Osmanische Reich, ein weiterer Verbündeter der Mittelmächte, musste im Vertrag von Sèvres (10. August 1920) große Teile seines Herrschaftsgebiets abtreten und die internationale Kontrolle über die strategisch wichtigen Meerengen akzeptieren.

Allerdings sollte es bei Schuldzuweisung und Aufrechnung von Kriegsschäden nicht bleiben. Führende Politiker entwickelten nach 1918 den Ehrgeiz, die internationale Politik auf eine neue Grundlage zu stellen. Eine Schlüsselfigur war der US-amerikanische Präsident Woodrow Wilson, der bereits in seinen »Vierzehn-Punkten« vom Januar 1918 für die Zeit nach dem Krieg das Selbstbestimmungsrecht der Völker, Demokratie, Abrüstung und die Gründung eines Völkerbunds zur Gewährleistung dieser Prinzipien gefordert hatte. Zwar wurde der Völkerbund 1920 tatsächlich gegründet, doch fehlte es ihm stets an Machtmitteln, um den hehren Prinzipien einer friedlichen und gerechten Konfliktlösung Geltung zu verschaffen.

Auch nach dem offiziellen Ende des Krieges kam Europa nicht zur Ruhe. Mit den Pariser Vorortverträgen sollte völkerrechtlich ein Schlussstrich unter den Ersten Weltkrieg gezogen werden. Aber nur zu bald zeigte sich, dass es ein untauglicher Versuch war, die Verantwortlichkeiten und Verheerungen des Krieges »aufzuarbeiten« und die internationale Politik auf eine neue Grundlage zu stellen. Viele europäische Staaten wurden von immer neuen Wellen der Gewalt heimgesucht. So herrschten in Deutschland über Monate bürgerkriegsähnliche Zustände, da radikale Gruppen von rechts wie von links versuchten, sich mit Gewalt an die Macht zu bringen. Während der kommunistische Spartakus-Aufstand im Januar 1919 durch Reichswehr und rechtsradikale Freikorps unterdrückt wurde, scheiterte im März 1920 der rechtsgerichtete Kapp-Putsch nicht zuletzt am geschlossenen Widerstand der Gewerkschaften. Erst nach dem Scheitern des Hitler-Putsches im November 1923 und dem Ende der Inflation kam die Republik politisch und ökonomisch zur Ruhe. Doch die folgenden »Goldenen Zwanziger« waren nur von kurzer Dauer. Nach Ausbruch der Weltwirtschaftskrise 1929/30 legten sich bald wieder die Schatten der Vergangenheit über Deutschland.

Am 15. Oktober 1918, vier Wochen vor Waffenstillstand, zog ein deutscher Frontsoldat in einem Brief an die Familie seine persönliche Bilanz des Ersten Weltkriegs: »Verloren haben wir den Krieg bis zum Letzten, denn wir werden so viel herausgeben müssen, dass es eine Schande ist. Hoffentlich entgehen die Schuldigen, die das arme Volk derart ins Verderben getrieben haben, nicht ihrer gerechten Bestrafung: denn so viel hat noch kein Volk leiden müssen für die Hirngespinste einer machthungrigen Gesellschaft, die alle Menschenrechte beiseite stieß.«[69]

6o. - PARIS. — Le Tombeau du Soldat Inconnu.
AIMONS-NOUS AIDONS-NOUS SOUVENONS-NOUS TOUJOURS
ICI REPOSE UN SOLDAT FRANÇAIS MORT POUR LA PATRIE
1914 - 1918
Tomb of the Unknown Soldier.

Zur Sammlung Ulf Heinrich

Die »Sammler – engagiert, ernsthaft, vernarrt oder auch gepeinigt – können diesen alles verzehrenden Drang selbst weder erklären noch verstehen, noch sind sie imstande, ihrer Angewohnheit Einhalt zu gebieten«, so schrieb Werner Muensterberger in »Sammeln. Eine unbändige Leidenschaft«. Daneben gibt es auch das Bedürfnis, vom Untergang bedrohte Zeugnisse der Vergangenheit für die Nachwelt zu erhalten. Dem amerikanischen Psychologen und Kunstkenner Muensterberger ist es gelungen, mit wenigen Worten den Typ des Sammlers zu beschreiben, ganz gleich, für welche alten oder neuen Objekte er sich interessiert: Möbel, Ölgemälde, Teppiche, Porzellan, Münzen, militärische Orden, Zeitungen, Bücher oder Ansichtskarten.

Die vielen Sammler in der Welt nennen ganz unterschiedliche Gründe für ihre Passion. Vielleicht sollte man das Schicksal bemühen. Ich wurde in eine Familie hineingeboren, in der »Objekte« der Alltagskultur aufgehoben und erhalten wurden. Seit dem 16. Lebensjahr sammle ich Ansichtskarten – vornehmlich mit Motiven aus Neuruppin, Berlin, Gnesen (Provinz Posen) sowie zu den Themen Hohenzollern/Preußen und Erster Weltkrieg. Die Bildträger zu den eben genannten Städten oder Sammelgebieten sind historische Quellen. Während meiner Tätigkeit als Deutsch- und Geschichtslehrer konnte ich bei Projektwochen die Feldpostkarten mit Schülern fachdidaktisch bearbeiten. Als Ergebnis davon fanden Ausstellungen statt.

Der Wert der einzelnen Karte erschließt sich oft erst nach sorgfältiger Betrachtung. Es gibt neben der »Bild-Quelle« auch immer noch die »Text-Quelle« auf der Rückseite. Beide Aussagen dürfen nicht vorschnell gedeutet werden, man muss sie vielmehr sorgfältig interpretieren.

Der Reiz für den Sammler: Er hält eine Original-Kriegs-Postkarte in den Händen, deren Bildmotiv vom Absender ausgewählt und deren Text fast immer sorgsam formuliert worden ist.

Der Reiz für den Historiker: Er hat wirklich eine Primärquelle vor sich und erfährt Alltagsgeschichte. Auch wenn die Trivialität der Vorderseite (Bild und gedruckter Text) und die Stereotypie der Sprache manchmal als störend empfunden werden, so entschädigen doch viele Exemplare mit ihren authentischen Aussagen.

Die »Grüße aus dem Schützengraben« sind Momentaufnahmen, sind persönliche Schreiben von Betroffenen. Die Feldpostkarte ist ein Massenphänomen, auch ein Medium der Propaganda. Sie gibt das individuelle Lebensgefühl des Absenders wieder, und sie zeigt »Geschichte von unten«. Muensterberger definiert das Sammeln »als das Auswählen, Zusammentragen und Aufbewahren von Objekten, die einen subjektiven Wert haben«. Damit hat er Recht. Für Feldpostkarten sollte man hinzusetzen, dass sie zugleich einen objektiven Wert besitzen.

Während des Ersten Weltkriegs beförderte die Feldpost Milliarden von Sendungen zwischen Front und Heimat hin und her. Postkarten und Briefe waren portofrei, da deren Bedeutung als Kommunikations- und Propagandamittel und als Psychotherapeutikum erkannt war.

Der größte Teil ist bald vernichtet worden. Selbst wenn nur fünf Prozent erhalten blieben, reicht das aus, um mit dem wertvolleren Teil viele Sammlermärkte oder sogar Auktionen zu bestücken. Auch der nur wenig von der Historie Berührte wird auf unabsehbare Zeit diese Klein-Antiquitäten bewegten Gemütes beidseitig betrachten. Es ist ein winziges Stück Weltgeschichte, das er in Händen hält, wo doch die Hände derer, die die Karten einmal auf die Reise brachten, längst verblichen sind.

Ulf Heinrich, Lehre/Flechtorf im September 2004

Ulf Heinrich

Geboren 1939 in Neuruppin. Studium der Geschichte und Germanistik an der FU Berlin. Am Albert-Schweitzer-Gymnasium in Wolfsburg als Oberstudienrat bis zur Pensionierung tätig. Arbeitsgebiete: Landesgeschichte; Sammeln von historischem Quellenmaterial, besonders alte Ansichtskarten (Berlin, Neuruppin, Hohenzollern/ Preußen, Erster Weltkrieg); mehrere Ausstellungen zum Thema.

Thomas Flemming

Geb. 1957, Historiker und Publizist, Studium der Geschichte, Germanistik und Philosophie in Bochum und Berlin. Mitarbeit an historischen Ausstellungen, u.a. zum Ersten Weltkrieg. Zahlreiche Veröffentlichungen zu zeitgeschichtlichen Themen. Im be.bra verlag erschien von ihm »Die Berliner Mauer. Geschichte eines politischen Bauwerks« (1999) sowie »Kein Tag der deutschen Einheit. Der 17. Juni 1953« (2003).

Anmerkungen

1 Gedicht eines anonymen Verfassers, in: Am Bosporus. Deutsche Soldatenzeitung, 17.12. 1918, zit. n. Ulrich, Bernd, Die Augenzeugen. Deutsche Feldpostbriefe in Krieg und Nachkriegszeit 1914–1933, Essen 1997, S. 39

2 Zit. n. Geoffray, Bernard (Ed.), Témoignages. Correspondance entre l'Arrière et le Front Echangée pendant la Guerre de 1914 –1918, Berlin 1992

3 Vogt, Martin, Die Post im Kaiserreich. Heinrich (von) Stephan und seine Nachfolger, in: Lotz, Wolfgang (Hg.), Deutsche Postgeschichte, Berlin 1989, S. 203–239, S. 232

4 Ulrich, Die Augenzeugen, S. 46ff.

5 Harig, Ludwig, Ordnung ist das ganze Leben, München 1986, S. 159

6 Stellv. Generalstab an sämtliche Zensurstellen, 23.91915, zit. n. Brocks, Christine, Der Krieg auf der Postkarte – Feldpostkarten im Ersten Weltkrieg, in: Spilker, Rolf/Ulrich, Bernd (Hg.), Der Tod als Maschinist. Der industrialisierte Krieg 1914–1918 (Ausstellungskatalog), Bramsche 1998, S. 156

7 Brocks, Der Krieg auf der Postkarte, S. 157 In den ersten Kriegsmonaten scheinen die Zensurbehörden strenger als später eingegriffen haben. Bis Ende 1914 wurden allein in Bayern schätzungsweise 500 Verbote ausgesprochen.

8 Zit.n. Ulrich, Die Augenzeugen, S. 45

9 Brocks, Der Krieg auf der Postkarte, S. 163

10 Metken, Sigrid, »Ich hab' diese Karte im Schützengraben geschrieben...« Bildpostkarten im Ersten Weltkrieg, in: Rother, Rainer (Hg.), Die letzten Tage der Menschheit. Bilder des Ersten Weltkrieges, Berlin 1994, S. 142

11 Hüppauf, Bernd, Fotografie im Ersten Weltkrieg, in: Spilker/Ulrich (Hg.), Der Tod als Maschinist, 1998, S. 116

12 Wolfangel, Ottmar, Kriegsjahre zählen doppelt. Feldpost aus den Jahren 1914–1918, hrsg. von Margit Gill, Oberpfaffenhofen 2003, S. 39

13 Zit. n. Geoffray (Ed.), Temoignages.

14 Rüdiger, Ulrike, Grüsse aus dem Krieg. Die Feldpostkarten der Otto-Dix-Sammlung in der Kunstgalerie Gera, Gera 1991

15 Metken, »Ich hab' diese Karte im Schützengraben geschrieben...«, S. 146

16 Vgl. Buchardi, Kristiane, in: Rother, Rainer (Hg.), Der Weltkrieg 1914-1918. Ereignis und Erinnerung, Berlin 2004 (Ausstellungskatalog), S. 323

17 Geoffray (Ed.), Temoignages.

18 Zit. n. Spilker/Ulrich, (Hg.), Der Tod als Maschinist, S. 290

19 Berghahn, Volker, Der Erste Weltkrieg, München 2003, S. 60

20 Aufzeichnungen Gottlieb von Jagows nach einem Gespräch mit Moltke, Zit. n. Berghahn, 2003, S. 29

21 Strachan, Hew, The First World War, Vol. I, To Arms, Oxford 2001, S. 88f.

22 Thomas Mann, Gedanken im Kriege, Gesammelte Werke, Bd. 13, Frankfurt a. M. 1974, S. 533

23 Zuckmayer, Carl, Als wär's ein Stück von mir, Frankfurt a. M. 1969, S. 168

24 Zit. n. Verhey, Jeffrey, Der »Geist von 1914« und die Erfindung der Volksgemeinschaft, Hamburg 2000, S. 125

25 »So stimmt sich im Kriege, durch den Einfluß unzähliger kleiner Umstände, die auf dem Papier nie gehörig in Betracht kommen können, Alles herab, und man bleibt weit hinter dem Ziel.« Carl von Clausewitz, Vom Kriege, in: Kriegstheorie und Kriegs-

geschichte, hrsg. von Reinhard Stumpf, Frankfurt a. M. 1993, S. 91

26 Horne, John/Kramer, Alan, Deutsche Kriegsgreuel 1914, Hamburg 2004, S. 65 ff.

27 Epkenhans, Michael, Kriegswaffen. Strategie, Einsatz, Wirkung, in: Spilker/Ulrich (Hg.), Der Tod als Maschinist, 1998, S. 71

28 Vgl. Jürgs, Michael, Der kleine Frieden im Großen Krieg, München 2003

29 Ulrich, Bernd/Ziemann, Benjamin, Das soldatische Kriegserlebnis, in: Kruse, Wolfgang (Hg.), Eine Welt von Feinden. Der Große Krieg 1914–1918, Frankfurt a. M. 1997, S. 135

30 Zit. n. Geoffray (Ed.), Témoignages

31 Zit. n. Ulrich, Bernd/Ziemann, Benjamin (Hg.), Frontalltag im Ersten Weltkrieg. Wahn und Wirklichkeit, Frankfurt a. M. 1994, S. 57

32 Czapski, Herbert, Feldpostbrief vom 4.3. 1917, in: Hank, Sabine/Simon, Hermann (Hg.), Feldpostbriefe jüdischer Soldaten 1914–1918, Teetz 2002, S. 164

33 Liulevicius, Vejas Gabriel, Kriegsland im Osten. Eroberung, Kolonsierung, Militärherrschaft im Ersten Weltkrieg, Hamburg 2002, S. 31 ff.

34 Jünger, Ernst, Der Kampf als inneres Erlebnis, in: Ders., Sämtliche Werke, Abt. II, Bd. 7, Stuttgart 1980, S. 103; Die totale Mobilmachung, a. a. O., S. 129. Auch ein politisch und emotional gänzlich anders eingestellter Autor als Jünger, der linksorientierte Pazifist Arnold Zweig, bezeichnet in seinem Weltkriegsroman »Erziehung vor Verdun« Soldaten als »Fabrikarbeiter der Zerstörung«.

35 Geyer, Michael, Gewalt und Gewalterfahrung im 20. Jahrhundert. Der Erste Weltkrieg, In: Spilker/Ulrich (Hg.), Der Tod als Maschinist, 1998, S. 248

36 Zit. n. Ulrich/Ziemann (Hg.), Frontalltag, S. 85

37 Zit. n. Ulrich/Ziemann (Hg.), Frontalltag, S. 92

38 Keegan, John, Das Antlitz des Krieges, Frankfurt a. M. 1991, S. 294 f.

39 Der französische Luxusgüter-Hersteller »Cartier« führt seit Jahrzehnten eine Armbanduhr mit dem Produktnamen »Tank« im Programm, die durch Bezeichnung und Formgebung an diesen etwas makabren Zusammenhang von Armbanduhr und Krieg erinnert.

40 Maier, Reinhold, Feldpostbriefe aus dem Ersten Weltkrieg 1914–1918, Stuttgart 1966, S. 141

41 Epkenhans, Michael, Kriegswaffen. Strategie, Einsatz, Wirkung, in: Spilker/Ulrich (Hg.), Der Tod als Maschinist, S. 74

42 Jünger, Ernst, Das Antlitz des Weltkriegs. Fronterlebnisse deutscher Soldaten, Berlin 1930, S. 236

43 Artikel »Luftkrieg«, in: Hirschfeld, Gerhard/Krumeich, Gerd/Renz, Irina (Hg.), Enzyklopädie Erster Weltkrieg, Paderborn 2003

44 Salewski, Michael, Der Erste Weltkrieg Paderborn, 2003, S. 211 ff.

45 Die Lusitania hatte tatsächlich größere Mengen Gewehrmunition geladen, was dem Kommandanten des U-Bootes aber nicht bekannt war.

46 Chickering, Roger, Das Deutsche Reich und der Erste Weltkrieg, München 2002, S. 115 f.

47 Krumeich, Gerd, Der Mensch als »Material«. Verdun, in: Förster, Stig/Pöhlmann, Markus/Walter, Dierk (Hg.), Schlachten der Weltgeschichte. Von Salamis bis Sinai, München 2001, S. 295 ff.

48 Keegan, Das Antlitz des Krieges, S. 333

49 Rauchensteiner, Manfred, Der Tod des Doppeladlers. Österreich-Ungarn und der Erste Weltkrieg, Graz 1993, S. 349 f.

50 Das gilt strenggenommen für Kriege seit

dem 17. Jahrhundert. Im Dreißigjährigen Krieg (1618–1648) etwa wurden auch große Teile der europäischen Bevölkerung vom Kriegsgeschehen durch Plünderungen und Brandschatzungen unmittelbar in Mitleidenschaft gezogen.

51 Wehler, Hans-Ulrich, Deutsche Gesellschaftsgeschichte, Bd. 4, München 2003, S. 101

52 Zahlen auf der Basis von 2600 großen Metallbetrieben. Vgl. Wehler, Gesellschaftsgeschichte, Bd. 4, S. 95

53 Wehler, Gesellschaftsgeschichte, Bd. 4, S. 95

54 Berghahn, Der Erste Weltkrieg, S. 97

55 Chickering, Das Deutsche Reich und der Erste Weltkrieg, S. 142

56 Daniel, Ute, Frauen, in: Hirschfeld/Krumeich/Renz (Hg.), Enzyklopädie Erster Weltkrieg, 2003, S. 125

57 Chickering, Das Deutsche Reich und der Erste Weltkrieg, S. 174

58 Wehler, Gesellschaftsgeschichte, Bd. 4, S. 61

59 Wehler, Gesellschaftsgeschichte, Bd. 4, S. 77

60 Artikel Kriegsanleihen, in: Hirschfeld/Krumeich/Renz (Hg.), Enzyklopädie Erster Weltkrieg, S. 627f.

61 Kruse, Wolfgang, Organisation und Unordnung – Kriegswirtschaft und Kriegsgesellschaft in Deutschland 1914–1918, in: Spilker/Ulrich (Hg.), Der Tod als Maschinist, S. 86

62 Wehler, Deutsche Gesellschaftsgeschichte, Bd. 4, S. 118

63 Belastbare Zahlenwerte liegen für rund 4700 Aktiengesellschaften vor, deren Nettoerträge insgesamt von 1,575 Milliarden Mark (1913/14) auf 2,213 Milliarden Mark stiegen. Vgl. Wehler, Gesellschaftsgeschichte, Bd. 4, S. 53; Chickering, Roger, Das Deutsche Reich und der Erste Weltkrieg, S. 134

64 Für Frauen waren die Einbußen geringer, allerdings verdienten sie generell weniger als die Männer.

65 Salewski, Der Erste Weltkrieg, S. 231f.

66 Wehler, Gesellschaftsgeschichte, Bd. 4, S. 140

67 Ferguson, Niall, Der falsche Krieg. Der Erste Weltkrieg und das 20. Jahrhundert, München 2001, S. 370f.

68 Niedhart, Gottfried, Der Erste Weltkrieg: Von der Gewalt im Krieg zu den Konflikten im Frieden, in: Wegner, Bernd (Hg.), Wie Kriege enden. Wege zum Frieden von der Antike bis zur Gegenwart, Paderborn 2002, S. 205

69 Zit. n. Ulrich, Bernd/Ziemann, Benjamin (Hg.), Krieg im Frieden. Die umkämpfte Erinnerung an den Ersten Weltkrieg, Frankfurt a. M. 1997, S. 31

Die Zitate aus Kriegskorrespondenz wurden der Sammlung Heinrich entnommen.
Aus anderen Quellen stammen Auszüge auf den Seiten 47 (Cazals, Rémy/Rousseau, Frédéric, 14–18, le cri d'une génération, Toulouse 2001), 77 (Ulrich, Bernd/Ziemann, Benjamin (Hg.), Frontalltag im Ersten Weltkrieg. Wahn und Wirklichkeit, Frankfurt a. M. 1994), 109 (Brocks, Christine/Ziemann, Benjamin, »Vom Soldatenleben hätte ich gerade genug.« Der Erste Weltkrieg in der Feldpost von Soldaten, in: Rother, Rainer (Hg.), Die letzten Tage der Menschheit. Bilder des Ersten Weltkriegs, Berlin 1994) und 129 (Ulrich/Ziemann).